紅豆湯配黑麵包
異國戀曲大不同

那些關於戀愛×約會×婚姻的趣味事
從藝術學者到德國人妻的文化觀察

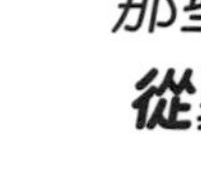

郭書瑄

著

目次

紅豆湯配黑麵包
異國戀曲大不同

推薦序

Love Happens!

楊馥如
（義大利媳婦、飲食作家）

關於異國戀曲，不少人存有玫瑰色的幻想：交往對象金髮碧眼，高大英挺，身騎白馬，手拿玫瑰（就差沒有住在城堡裡）的形象呼之欲出……至於跨國婚姻，身為台灣女兒、義大利媳婦，經歷異國戀曲，目前在婚姻路上修煉的我，要請你先按住這樣的想像，讀完這本書。作者郭書瑄文筆生動，娓娓道出她和保羅先生從異國戀曲開始，一路修成正果進入婚姻生活的故事，除了生動描述自己的親身經驗，她還發揮文化觀察報導的專長，穿插不少輕鬆卻獨到的見解。

踏入異國戀曲，要懂得做自己

在伴侶關係中想保留完整的自我，是很大的挑戰。義大利人說「我愛你」，除了一般聽到的「ti amo」，他們其實更常說「ti voglio bene」（我希望你好）。進入異國婚姻十年，深深體會到夫妻之間，基本上是家人那種無條件的愛，但兩個人各有原生家庭、相異價值觀，結婚之後要牽手走大半輩子，真的是一大學問。

特別喜歡這本書裡〈做自己最迷人〉這篇。回想在義大利結婚時，幫我們主持典禮的市長唸了紀伯倫《先知》裡的〈論婚姻〉：

婚姻又是怎樣的呢？

先知回答道：

「彼此相愛，但不要讓愛成為束縛；

讓愛成為奔流於你們靈魂海岸間的大海。

盛滿彼此的杯盞，但不要只從一隻杯盞中取飲。

彼此互贈麵包，但不要只向一塊麵包取食。
一起歡歌曼舞，但要保持各自的獨立。
魯特琴的琴弦也彼此分開，即使它們為同一首樂曲震顫。
奉獻你們的心，但不要讓對方保管。」

很幸運的，我能在婚姻中完全做自己：在牛津唸碩士時，老公每週從義大利飛英國探望（週五下班去，週一凌晨回，直接進辦公室）；博士班唸大腦神經科學時，他幫我惡補，陪著寫生理實驗程式；現在我投入寫作，研究食物史，他就去上香腸課、咖啡課，好讓我們有共同話題。我想上哪兒，能跟能陪，他一定在；沒法跟沒法陪，就遠遠地加油，想盡辦法提供應援。

但這一切是有代價的。世上其實沒有完美的一對、天生的靈魂伴侶：當家裡的臭襪子丟得像到處爬行的蝸牛，或是另一半在電視機前嘴巴張開開、怎樣就是聽不懂人話時，我只會想要把「磨合」這個詞裡的石頭拖出來，往他頭上砸。不過靜下心來想：難道他沒有想過要搭石頭、抄棍子嗎？肯定有，因為我一年有半年都是假單身在外工作，他心裡肯定苦，只是不說。婚姻中，放手成全，讓對方「自由當自己」是最深的愛、最大的禮物。

沒有預演、無法挑片的婚姻生活

本書〈最完美的婚紗照〉這篇，我讀來也相當有感！婚前拍一組完美婚紗照，想必是台灣讀者熟悉的經驗——新人一起到店裡挑選嫁紗，進棚或外拍，在攝影師引導下想像情境，擺出各種姿勢，最後滿心期待去挑片做成紀念冊——即便知道日後結婚相本的翻閱機率會越來越低，拍婚紗仍然早已成為想望，是踏入禮堂前必須完成的浪漫任務。但在義大利，並不流行拍婚紗，倒是有句諺語這麼說：「婚姻、義大利麵、餅乾，都是熱的好。」

棚拍結婚相本固然浪漫美麗，但婚禮一天，婚姻一世。我先生很愛收集發票，每張發票拿出來，他都可以講出當時「發生」的事：五歐，看了什麼鳥蛋都沒有的博物館，那一趟是我交完博士論文當天，鋪蓋捲一捲，什麼計劃都沒做、隨心所欲的旅行；七十二歐，一頓海邊的晚餐，旁邊坐著一對曾經到過台灣的義大利夫妻；一百三十歐，幫我買鞋，因為舊鞋在米蘭街頭突然開花，我在路旁等，他進店裡挑了雙我極喜歡的酒紅色布鞋……

Love happens，攝影棚拍不出，也沒有姿勢；愛情，得等待它自然發生，是偶然也是巧合。這些真情流露的瞬間，無形中累積成珍貴回憶，「執子之手，與子偕老」就是這麼回事。

甜中有苦，千百種滋味交集的異國伴侶關係

傳統的義大利囍糖叫做 confetti，白色橢圓形的，是裹著厚厚糖衣的杏仁。一般來說，新人會為前來參加囍宴的客人準備五顆 confetti，不能多也不能少，因為「五」是幸運數字，代表健康、財富、多子多孫、快樂、長壽。至於裹著糖衣的杏仁，也有象徵意義：杏仁帶苦，外層厚厚的糖衣則甜，甜蜜裹著苦澀，是婚姻的真諦。我常想，也許兩鬢斑白時回望人生，適應異國婚姻的辛苦會被甜美的回憶沖淡，像那股殘留在齒頰邊的，淡淡的杏仁香氣……

結婚好不好？不管是異國婚姻或是本國婚姻，這個問題都很難用「好」或「不好」一言以蔽之。但有個幫你保守記憶的人，確實千金不換。有回和先生出門玩一趟，回家後面對髒衣服臭襪子堆積如山，冰箱空到結冰，還有一大堆工作的索命郵件。「妳快來看！看這是什麼！」忙得要命，另一半不幫忙也罷，還一頭熱情，鬼吼鬼叫要我湊近看照片。罵完之後看到照片，我就後悔了……

是我們在英國牛津散步到波特草原的照片：那兒有一家很可愛的小酒館，酒館臨著潺潺小溪，邊喝酒、邊看著孔雀從身邊走過，幾乎遺忘的生命片刻瞬間鮮活起來。身為重度的電腦使用者，照片就算有備份，但十幾年下來，許多照片在汰換電腦時要不流失，要不就散逸網海。問老公怎麼有這些照片，他說：「妳所有的電腦檔案，我全幫妳備份了，萬一Ａ備份壞了，還有Ｂ備份。這是我們最重要的回憶。」

若問下輩子還願不願意再談一場跨越大洲的戀情，然後踏入異國婚姻？我會毫不猶豫說YES，因為這種一輩子當三輩子過的日子，實在太過癮精彩。我想，本書作者書瑄應該也會點頭同意。

推薦序

觀看世界的其中一種角度

凱若 Carol Chen
（居家創業家、暢銷作者，現與德籍夫婿旅居歐洲）

四年前，也是在這樣的春天，我毅然向台灣告別，移居德國。過去雖然時常四處旅行，但搬遷到另一個國家定居，倒是人生中的第一次。混雜著期待、興奮、恐懼、擔憂，加上濃濃的思鄉之情，在德國的前六個月，十分難熬，但也讓現在的我，時刻懷念。

Jessie 書瑄在荷蘭攻讀博士後，意外地因愛情而落腳柏林。讀著她書中的點滴心情與故事，也讓我回憶起當時很多有趣的場景。她提到剛來時不會用「蛋杯」的窘狀，我想起當初連切麵包都弄得整桌皆是麵包屑；她聊到晚餐難嚥的乾麵包，我想起生產完打開德國醫院晚餐盤時的驚訝：兩片麵包、一片起司、一片德國香腸切片。這些生活中的「驚嚇」，卻變為現今的日常，話說很不好意思呢！我才剛弄了麵包夾香腸切片給兒子當晚餐啊！

我特別對「融合課」的章節有感觸。在島嶼生長的我，學生時代鮮少有機會與各地不同的人群相處，很自然認為西方人都是怎樣的、中東人都是如何的，甚至台灣人應該都差不多。但其實到了歐陸大地，才知道原來這世界上發生著這麼多事，而且就離我們這麼近。那些過去在報章雜誌上「讀到」的新聞內容，身在其中的當事人就坐在我們身邊，那種震撼的確是很強大的。

我在德文課班上就有一位從敘利亞來的難民Abdul，他是三個孩子的爸，十分努力在新的國度學習與落腳。他永遠是我們班上最早到、也是最認真做作業和發問的那個，我們時常問著他關於故鄉的一切，而他總是帶著笑容，卻分享著恐懼、混亂，與讓人心寒的國際政治。當許多人用「難民就是……」的概括性標籤看著這群人、看著Abdul，我卻感覺他與我無異。我們或許有不同的宗教信仰與文化背景，但都愛護我們的家人，努力在異鄉生存、生活著。

而書瑄提到「婚禮」這件事，也讓我想起過去在台灣承辦很多「跨國婚禮」的經驗，真是非常有趣！我們在台灣很習慣的「婚禮前拍婚紗」和「新娘三次換裝進場」，德國人完全無法想像。我的「第一次」德國婚禮經驗是參加老公哥哥的婚禮派對，新娘真的完全就是女主人姿態，吃得好好、喝得飽飽，還拉起白紗下場跳舞！而當天真的是徹夜玩到超過凌晨一點，賓客才慢慢散去。嫂嫂家人知道我在台灣經營婚禮顧問公司，頻頻過來問道：「妳覺得這婚禮如何啊？」我帶著幾分醉意，但絕對真心誠意地說：「我還真沒在任何婚禮玩到這麼盡興的呀！」

不過與書瑄不同，我們在台灣與德國都沒有辦婚禮，也沒有拍婚紗，老公總開玩笑說：「這樣少了一次收禮金的機會。」但可能因為看過與辦過上千場婚禮，到了自己身上反而無感了，就算老公總提著「該補辦婚禮了」，我仍舊無動於衷。這相同的國籍組合，不同的決定與方式，也代表了其實我們真就是各自生命故事的編劇作者，都可以寫出屬於自己的篇章。

就算我們同樣是「台灣囝仔」，也同樣嫁給了德國夫婿，但書中提到的很多經歷還是有許多相異之處，而我讀書稿時也會在心中驚呼：「原來也有德國人是這樣的呀！」但就如書瑄在前言中說的：「這些從來就不是絕對的答案，僅僅是提供觀看世界的其中一種角度」，就如在台灣一個小小的島嶼，我們吃潤餅包粽子都有不同的方式了，更何況是台灣十倍大，人口超過八千六百萬的德國呢？

書瑄與老公還在享受著甜蜜的兩人世界。至於我和德籍老公，則是在走入「為人父母」的角色後，在教養孩子與共持家庭上頭，發現了更多讓彼此驚訝的小細節，而這些或許與社會文化有關，但也有很多是個人與家庭的不同。在台灣生長到十一歲的女兒，有很多觀念和習慣卻與我德國土生土長的老公百分百相同呢！我相信未來還有更多「探險」等著我們，而懷抱著欣賞而非批判的態度，是所有幸福的關係中非常關鍵的因素。

我曾經寫過一篇文章〈每一段戀情，都是異國戀〉，就是因為在多年婚姻以及共同養育子女之後，我發現其實關係中本就有許多「差異」，這與兩人來自哪裡無關，就算同為台灣人，或同為德國人，都會有家庭與個人的不同習慣和觀念，然而當我們乾脆就把對方當成「外星人」來看，用一顆好奇心發現彼此的有趣之處，也用包容心接納彼此的不同，那麼就算來自不同太陽系，也還是能相處愉快、互敬相愛的。

寫出自己在異鄉的故事，需要的不只是文筆，更需要勇氣。因為在字裡行間遊走，我們必須重新回到當時的自己、那個面對陌生國度的自己。回想四年前，總因為想念台灣而流淚、常為了不安全感而爭執、努力在轉換身分的過程中找到自己的定位，這條路不輕鬆，但彌足珍貴。而來到德國後幾個月，我便發現自己懷孕了，在語言和生產習俗完全不同的異地，和也是「第一次當爸」的老公孤零零地面對所有的狀況題，卻也讓我們更加緊緊相繫。

很佩服書瑄的勇氣，讚賞她說故事的流暢與豐富的閱歷，誠心推薦這本書給對德國有興趣的朋友，翻開這本書，你便能打開一扇窗，認識一小塊新的、不同的世界。

自序
比論文更難的功課

「我覺得，你就寫自己在國外的異國婚姻點滴，這樣就很好了。」初次見面，知性儒雅的編輯大人在讀了我的幾篇初稿後這麼建議。

「呃，這樣當然會比我原來計劃的文化觀察報導容易一點，」我猶疑著，「但是，我又不是什麼名人，讀者真的會對我的個人生活感興趣嗎？」

編輯大人臉上露出一抹微笑，「倒是不用擔心這個。只要書寫得有趣，就會有人讀的。更何況，人都有偷窺的欲望，尤其是和自己不一樣的生活，人總是會想一探究竟。所以網路上才會有許多受歡迎的部落客，他們一開始也都不是知名人物啊。」

就這樣我被說服了，寫下了這本名為異國戀情，實為文化衝擊的紀錄小冊。只不過，我錯估了一件事：這本描寫從戀愛到婚姻生活的個人手記，寫作起來絲毫不比博士論文或理性報導來得輕鬆。

我花了五年的時間，在荷蘭念完藝術文化博士學位，原本打算回台任教度過學術人生，卻陰錯陽差地認識了現在的德國老公。世事難料，我最終在柏林定居，過起了德國人妻的小日子，也重拾起我出國前就已開始的寫作生涯。

雖說從前已經出版過藝術方面的專門書籍，留學期間也撰寫了荷蘭文化的深度觀察書，但這回寫起關於自己的小故事，卻感到異常困難。畢竟，至少在人文學術書籍上，只要認真讀書查資料便可以獲得寫作的素材，之後再消化整理即可，也不需擔心嚴肅理論的字句是否令人感到枯燥。如今面對的卻是前所未有的問題：究竟哪些生活點滴值得拿來書寫，還有究竟要把個人的私密世界揭露到什麼程度？

我最後不再掙扎這些問題，只專心記錄在異鄉生活和經營兩人關係的過程中，有哪些是曾令我驚愕、哪些是令我無法適應的點。即使事後回憶起來有的搞笑、有的耍笨，我都如實記載。或許這些生活記事在博君一笑之外，也能偶爾帶出些許關於文化、關於我們所處的世界的提點。

文化觀察永遠是一條未竟之路，尤其在開始寫作以後，每日總有新的體會，恰好推翻我前一晚才寫好的篇幅。我也學習在這段過程中不斷保持自覺，保持對不同文化的開放態度。

也許正是由於這樣的自覺，在我分別在荷蘭與德國兩地居住過，並且和來自不同地方的人群有了較深入來往後，某天我才意識到一件事實：或許不一樣的，是我自己。

在每日迎面而來的文化差異中，許多時候不見得是其他國家的人有多特別，而是由於身為台灣人的我，本身就承續了這個小島的眾多獨特性。這些是我人在台灣時無法真正看清的特色，以至於我在各地遊走時，經常在許多細節上擦撞出意想不到的文化衝擊。

於是我學著格外留意那些來自台灣習性的特殊之處。說來不可思議，在異鄉磨合的過程中，反倒最後更認識的是自身的文化，一切都回到了最初的起點。

這本書也因此在本質上不完全是本德國生活紀錄，雖然作為一名現實中的德國人妻，大多數的篇章還是難免以德國文化為主要的觀察樣本，但世界文化形形色色，只侷限一地未免可惜。我不時試圖加入其他國家的例子作為對照，尤其是我也算熟悉的鄰國荷蘭，而最重要的仍是從中檢視自己原生的文化特色。

最後關於異國戀情。

我並不是愛情專家，我所做的只是以我所擅長的文化觀察為根基，訴說出我所聽聞、所經歷的一段段真實小故事。網路上關於異國戀情的爭議已經夠多了，這並不是這本書要處理的問題。我始終認為，每個人都有選擇自己戀情的權利，每個人當然也都有批評或捍衛的權利。這本書寫給對異國戀情及文化差異感興趣的人，書中記敘的柴米油鹽瑣事，也證明著異國情侶不過就是一般人，無須也無法擁有和他人不一樣的地位，甚至必須面對更困難的感情與生活考驗。

就如我通篇將一再強調的，我所描述的都只是個人經驗，即使我敘述的是最普遍的情況，其中也總是有例外的時候。在某些課題上，我盡量蒐集不同的意見，並從中挑出較多數人同意的看法，但這些從來就不是絕對的答案，僅僅是提供觀看世界的其中一種角度。

因此，若有人讀到與自己認知不同的地方，也不必急急跳起來反對：「哪有像這個作者說的？我的男友／老公／朋友／朋友的老公就不是這樣！」不如先坐下來，用聽故事的輕鬆心情，偷窺一下別人的生活與想法也不錯吧。

這本書獻給和我一樣勇敢踏上異國婚姻的保羅先生，以及始終支持我的娘家和婆家家人。

Part 1

當東方遇見西方

在歐美社會，碰到有好感的對象時多半就會開口約對方出門，
但熱情的約會邀請並不保證愛情的發生；
歐洲女性對於青春的定義並不是染黑髮、做少女打扮，
而是發揮本身的長處，使自己看來朝氣有活力；
在法國，同居和結婚幾乎擁有相當的權利義務，
所以為什麼要結婚呢？

進入西方社交場合

透過共同的主人朋友，賓客有機會認識原本不會接觸到的、來自不同背景的新朋友。當然還有最令人興奮的目的：結交新的約會對象。

我拿著飲料，放眼望去都是陌生人，唯一認識的派對主人正不斷和不同賓客熱絡聊天，我似乎沒有插話的機會。整個交誼空間都是嗡嗡作響的談話聲，人人都不知哪來這麼多話題，沒有人像我一樣落單不知所措。

我假裝在點心桌前尋找想吃的東西，實則掩蓋自己的窘境。原本要一起來的朋友臨時無法成行，我起初不以為意，心想主人總會帶我認識其他人吧。我甚至還想像著所有賓客圍著沙發坐下，彼此自我介紹或是來點破冰的小遊戲。但事實並非如此。進門後，主人只來得及對我匆匆打聲招呼，說聲「Enjoy yourself」後，所有人都轉頭繼續各聊各的。我頓時像無頭蒼蠅般感到不知所措，心裡不禁後悔起來，早知道不該單獨一人來參加外國人開的派對啊。

幸好，在角落沙發區找位子坐下時，身旁坐的另一名台灣女孩似乎也像我一樣不適應狀況。我們倆於是惺惺相惜地聊起來，儘管素不相識，但畢竟同樣是女孩子，我們還是在彼此的化妝、共同的朋友等等話題上找到了交集。

整場派對下來，我除了一開始和主人打過招呼外，剩下的時間就是和同一個女孩聊天。直到對方表示要告退，我就急忙跟著說道，我也該走了。

正要穿越人群離開時，門邊的一名棕髮男子忽然開口：「嗨，我一直想找機會和妳們聊聊，不過妳們一直都自己坐在那邊，好不容易現在終於移動了……呃，妳們不會要走了吧？」

原來，真正的派對現在才要開始呢。

戀情的開始，當然首先得有機會認識對方。但在人際關係疏離的現代社會中，即使理想的對象就在同一門科系或同一個公司部門，也缺乏讓彼此熟悉的契機，更別提要認識不同生活圈的對象了。而在西方社會，解決這個問題的主要途徑之一，便是「派對」。我有機會出國念書以後，很快就發現這個事實：歐洲人真的很愛開派對。

每當我回想起生平第一次參加的外國派對，就對自己的封閉程度感到好笑。由於天性羞怯，在國外剛開始的第一學期中，我還是對於「在派對上自己找人攀談」這件事感到忸怩不已。不過，隨著時間過去和自信心提升，我反而漸漸喜愛起這種社交方式。透過共同的主人朋友，賓客有機會認識原本不會接觸到的、來自不同背景的新朋友。有人會藉此拓展可能的生意關係，或是認識有共同興趣的朋友，當然還有最令人興奮的目的：結交新的約會對象。尤其在校園時期，和社會人士相比簡直是無憂無慮的大學生，週末生活的基本配備幾乎就是一場場的派對活動。

基本上，派對有好幾種類型。若是私人舉辦的派對，派對理由可以是生日、喬遷、某人出國或歸國、節日，甚至有派對的理由就是「週末到了」。若是由機構名義舉辦的派對，學生時代就是由學生會或類似社團負責，基本上就是以聯誼為目的的派對；出社會後最常碰到的便是以公司及大型組織為單位的派對，通常是為了回饋員工以及與事業夥伴交流，這類派對也通常較為正式。然而，儘管派對目的與類型各有不同，在留學過程中，我很難不注意到另一個現象：不只是我一開始不適應，亞洲學生也多半不愛參加這類社交派對。

「我不喜歡去那種社交場合，妳不覺得很浪費時間，根本沒什麼意義嗎？就算找到聊天對象，在派對上也不能聊得多深入，不太可能就跟對方成為會繼續聯絡的好朋友啊！」和我同期出國的台灣留學生采雯有次說道。

我一時也不知道如何回答，我的確不只一次聽過來自其他亞洲國家的留學生有過類似的說法。對「時間就是金錢」的亞洲人而言，在歐美國家的這種派對場合上，人人都在閒聊、喝酒或跳舞，整場下來不但「沒意義」，心思較敏感的人還會產生狂歡後的空虛感傷。因此，即使是同一座系館或同一棟宿舍裡的派對，經常都只見西方學生參與，亞洲學生則多半待在自己房裡，或是嫌吵而上圖書館去。

當我提出「歐洲人究竟為什麼喜歡開派對」的質疑時，法國學生湯姆幾乎是有些訝異地回答：「為什麼不呢？不過就是多點認識人的機會，還有在一週的辛苦工作後，能夠好好放鬆一下。就算你沒有特別想跟人講話，光是喝點小酒、隨著音樂搖擺都是讓神經鬆懈的方法，沒什麼大不了吧。」湯姆接著又補上一句：「我記得沒錯的話，你們台灣人不是也很愛去那個叫ＫＴＶ的地方，這不是一樣的道理嗎？我們的派對上有時也會有卡拉ＯＫ，只是我們不喜歡窩在一個小房間裡做這些活動而已。」

歸根究柢，亞洲學生之所以較少參與西方學生的派對，倒不是因為比較內向，畢竟每個文化中都會有個性活潑、善於社交的人。以台灣學生為例，台灣人其實是群性很強的族群，每逢舉辦台灣學生會或同鄉會時，現場的氣氛通常熱鬧非凡。顯然，台灣人並不真的是內向或是不愛社交，而是不習慣西方社交場合的談話方式和內容，因而顯得不知如何自處罷了。

台灣人較為熟悉的社交方式，其實是「聚餐」。

從約會、聯誼、期末聚餐、謝師宴，到應酬、尾牙、親朋好友聚會等等，台灣人幾乎一律以「吃」來解決。在大型聚會上，通常還會有主持人暖場，或是會舉辦大家都可參與的團體活動等等。就算沒有什麼共同活動，只要食物美味，通常就能達到賓主盡歡的目的。當然作為一個以美食自豪的小島，這件事本身不但不是什麼缺點，還是個令人感到會心一笑的文化特色。只不過，或許由於太習慣「聚會」和「飲食」之間的關聯，一旦到了只拿杯飲料、頂多放些下酒用堅果點心的派對上，便開始感到格格不入。在這種場合，要如何各憑本事找到聊天對象，甚至讓自己保持有趣、成為其他人會想接近攀談的目標，就是另一門學問了。此時，光是專注於眼前的食物，恐怕不是享受派對的最佳方式呢。

台灣新娘沛君已在荷蘭定居多年，並且開始發展起自己的小型事業。有天，沛君帶著我和另一位女留學生洛莉一同出席一場商務人士聚會。表面上的理由是讓我們見識一下國外的商務派對，但她後來也承認真正的動機：多幾個年輕有型的女孩，吸引別人注意的機率會高得多。

不過，一開始我和洛莉卻無法進入狀況。沛君很快找到了自己想要的交談對象，但他們的話題我和洛莉都插不上，而除了沛君以外我們也不認識任何人，因此兩個女生不久便決定拿著飲料和點心，坐到靠牆的沙發區自己聊起天來。

「妳們這樣不行！」沛君一回頭發現我們的「懶散」模樣，立刻替我們下了一針見血的社交指導棋：「插不上話就要想辦法，就算妳們兩個要自己聊也應該到高腳桌旁去，這樣別人才有機會接近妳們！坐著不動，在社交派對上是大忌！」後來我們也發現，的確很少人會坐在一旁，即使從頭到尾只和同一名對象交談，他們也不會提議「不如我們去那邊坐坐，好好談一下吧」，因為下一個值得寒暄的對象很可能隨時穿過人群而來呢。

來我家派對吧！

或許就是派對上的愉快氣氛讓我們敞開了心房，我和保羅當晚都感受到彼此之間的火花。之後沒多久，我們就正式開始交往了。

「我下個月要開生日派對，妳和崔西一起來吧！」

還在荷蘭念書的某天，我收到舊識保羅先生的派對邀請。雖然好友崔西最後無法成行，但因為保羅盛情邀約，我仍然決定隻身前往。

當時的我自然不會知道，這個開生日派對的德國人後來竟成了我的老公，而這場派對就是我們擦出火花的契機。

歐洲的派對文化當然不是現代產物，關於派對的紀錄很早就在歷史上出現。不難想像，從前的派對多半以王公貴族為主，因為也只有他們負擔得起派對開支；生活在底層的百姓只能忙著工作餬口，而週末到街角小酒館放鬆狂歡，就是他們生活中最接近派對生活的時刻。多虧許多擁有生花妙筆的作家，我們今日才得以一窺當時派對的鮮活場景。有趣的是，即使是發生在上個世紀的事，但派對人群的互動方式卻始終大同小異，從前的記載是至今仍可派上用場的派對指南：

每位紳士踏入威斯頓夫人的客廳時，面部表情都會產生改變；艾爾頓先生必須擺出他歡樂的神情，而奈特利先生則放下了他的壞脾氣。艾爾頓先生必須少微笑一點，而奈特利先生則必須多一點，以便適應這個場合。艾瑪大概只需順其自然，展現她一貫的快樂樣子就好。……

許多人都熟悉的珍．奧斯汀當然是描寫派對文化的箇中翹楚。就像她在《艾瑪》中的細膩觀察，每個人在進入社交場合前都會稍作調整，好讓自己顯得「社交友善」，或至少不是別人避之唯恐不及的對象。就連今日的我在踏入派對場合時，珍．奧斯汀的提點對我依舊受用。對我而言，這種社交表現的調整並不代表虛情假意，而是提醒自己別想太多，保持平時狀況最好的模樣才是重點。

一踏進保羅的生日派對，我頓時感到怯場起來。雖然此時的我已習慣於歐洲的派對形式，但聽見滿室陌生的德語交談，也幾乎後悔來到這裡。

既來之則安之，我對自己說，總會有人願意和我溝通的。幸好，保羅一開始就介紹了幾個說英文的朋友給我。在幾瓶科隆啤酒的幫助下，我回想起自己和好友聚會時的輕鬆自信，於是也用同樣的態度和陌生人攀談起來，倒也找到不少樂意試著和我交談的對象。若碰到語言不太通的狀況也無關緊要，這時就索性問一聲：「跳舞嗎？」

當大夥一塊在客廳兼作舞池的空間裡隨著音樂扭動時，此時再也沒有語言障礙的困擾了。我和眾人一齊笑鬧著，彷彿是原本就認識的朋友一樣。

參加過幾次派對後，我大概歸結出幾種不同的人物個性：

有些人是所謂的「派對動物」（party animal），幾乎有派對的地方他們就會出現，通常也善於帶動氣氛，讓自己成為歡樂的焦點。不過，這種人在日常生活中可能不是最好的合作對象，若和派對動物型的人分在一組作報告，他們很有可能因為前一晚狂歡過頭，忽略了自己該負責的部分。

還有一種類型是小圈圈型。這類人並不排斥參與社交活動，但基本上只和自己認識的朋友待在一起聊天，若有別人想加入談話，他們往往表現得不太熱心，讓對方知難而退。另外，也有「獵人」型：這類人可能整場派對都忙著周遊場內，和不同的聊天對象閒扯幾句後，便又找個藉口離開，尋找下一個目標。這類型的人通常要不是對於談話內容要求甚高，非要碰見投緣的對象才願意展開較深入的對話，要不然，就是像獵人尋找「獵物」一般，要找到可能來段曖昧關係的約會對象才會罷休。

派對上的人物形形色色，有的人天生具備明星條件，站著不動自然有人上前攀談，光是不經意的眼神交會就足以電煞對方。有的人則是應和型，他們最常混在某個談話圈中，不時發出「嗯嗯我贊成」的評語，但整場派對下來，完全不會讓人留下任何印象。而更慘的是壁花型，從頭到尾只能愣然呆站一旁，不知如何加入群體，也不知該如何主動出擊，甚至連點杯飲料都感到手足無措。

說來慚愧，我剛到國外時通常也只會扮演後兩種角色，直到多了幾次經驗後，才開始懂得放開自己，享受箇中滋味。

我的好友亞絲在這方面就和我完全相反。身為舉手投足充滿魅力的法國女性，亞絲在派對場合中總是如魚得水。有回，亞絲在人聲鼎沸的派對裡，和不小心撞到她的一名德國男子聊了起來，之後兩人就順理成章般開始約會、交往了。

我們幾個朋友後來調侃她，問她到底是使了什麼魔法，竟然一個小擦撞就可以撞出一段戀情。亞絲只是爽朗地笑著說：

「我哪有做什麼？我就只是放鬆地聽音樂，隨著節奏搖擺而已。我不知道他是不是故意來我身旁的，不過大概是因為我在派對上一向都很敞開心房，隨時準備找人聊天，所以我們相撞後我就輕鬆地開他玩笑，他似乎就這樣被我吸引而繼續和我聊下去了吧。」

我正和一名學過中文的韓國女孩放慢速度用中文聊天時，先前一直忙著招呼賓客的保羅終於抽空前來打聲招呼：「妳們在說哪種語言？看來妳們已經彼此認識了，不需要我再介紹囉！」

韓國女孩回去找她的朋友後，我和保羅總算有機會多聊聊。上回碰面是他來荷蘭旅遊的幾個月前，這中間他又去環遊了半個世界。我興致勃勃地聽著他的旅遊見聞，在我努力和派對上其他英文不佳的賓客比手畫腳地溝通之後，保羅流利的英文對我來說簡直是一大救贖。

「太好了，看來妳很享受這個派對嘛！我原先還擔心妳會適應不良。」保羅說，一邊自然地拉起我的手來，「現在這首歌是德國嘉年華民謠呢！來吧，跟大家一起跳德國民俗舞！」

或許就是派對上的愉快氣氛讓我們敞開了心房，我和保羅當晚都感受到彼此之間的火花。之後沒多久，我們就正式開始交往了。

「妳看看，是不是應該感激我！」原本一同受邀的好友崔西，事後常愛開我玩笑，「如果我當時一起去的話，妳就不會這麼主動去跟別人聊天，也不會有和保羅共譜戀曲的機會了。」

崔西後來順理成章地做了我的伴娘。崔西的話讓我完全無法反駁，或許這也算因禍得福吧。有了自己的親身經驗後，我再也不會質疑派對文化為何對歐洲社會如此具有吸引力了。

東西審美觀大不同

西方人迫切把自己曬成健美膚色的行徑，和強調「一白遮三醜」的東方女性正好是相反路線。

「我說，妳要不要刮一下腿毛啊？」

我才剛在比基尼泳衣上套了件細肩帶小洋裝，正開心準備和當時還是男友的保羅前往度假海灘發呆泡水，忽然聽到這樣一句令人害臊的建議，不禁頓時滿臉通紅：

「你你你你剛說什麼？我的腿毛又不多，看起來還好吧！」我因為太激動，連聲音都不自覺地抖了起來，「而且我又不是不懂得除毛，你看我有認真刮腋毛耶！」

保羅卻是翻了個白眼，一副「這種基本的事還需要說嗎」的模樣：「不是多少的問題，是我們就不習慣看到四肢上有毛髮，尤其像你們毛髮顏色比較深，只要稍微有點長度就會看到。妳沒看很多西方女生都會全身除毛嗎？」

「就算這樣，這種事應該這麼直接地對女性說出來嗎?!」我還是處在一股惱羞成怒的情緒中。

「我說出來是為了妳好耶，」保羅又是一臉無辜的表情，「妳難道希望別人在一旁偷偷對妳指指點點嗎？」

雖然，並不是人人都是外貌協會，但外在經常是吸引異性的主要因素之一，異國戀情當然也不例外。不過，我到異鄉生活以後，常會發現我從前在意的外表細節，往往換了環境後就沒人在乎，取而代之的是不同的審美標準。

就拿除毛這件事來說好了。這個小動作在西方可是擁有漫長的歷史，真正的起源眾說紛紜，有人說是古希臘的審美觀，甚至有研究指出除毛史可上溯到新石器時代。從腿毛、腋毛到私處毛髮，現代西方女性的除毛不光是審美考量，也被認為是日常清潔的保持。至於方式則因人而異，除毛刀、脫毛膏、蜜蠟，捨得花錢的人還會造訪雷射除毛中心。

雖然我抗議著保羅的大膽諫言，但也不得不同意他的說法。我頓時想起從前有一天，要好的法國女友亞絲忽然把我拉到一旁，欲言又止的模樣讓我以為她要傾吐什麼大事。

「潔西，妳去跟小雅說一下，叫她穿短褲的時候要刮腿毛啊。」亞絲困窘地說，「這是為了她好。妳看她腿毛那麼長，別人看到她都退避三舍，她都還不知道原因。妳們都是台灣人，私下說中文應該比較不尷尬。」

在我終於「打理」好自己後，我們來到了德國北部的波羅的海海濱。

這裡是老少咸宜的度假勝地，所有人都趁著北方國家難得出現的夏日陽光，好好享受日光浴及清涼海水的快感。

我和保羅舒服地躺在鋪平的海灘巾上，同時好整以暇地觀察周遭熙攘的遊客百態。

「哇，你們的德國奶奶都好辣喔。一把年紀了還敢穿比基尼在海灘上曬太陽。」看著那些白髮蒼蒼的老太太也大方穿著顏色鮮豔的比基尼，毫不介意展現出自己不再青春的體態，我不禁感到由衷佩服。

保羅卻用莫名其妙的眼神看著我：「這有什麼好大驚小怪的？到海灘曬太陽，不穿比基尼要穿什麼？」

「嗯，在台灣，別說長輩了，有不少年輕女孩也不敢穿比基尼呢。」我小聲地說，「其實我以前對自己身材沒自信，到海灘都是T恤短褲直接下水啊。」

「你們想太多了吧。到海邊不就是要把皮膚曬黑嗎？包那麼多怎麼曬得到太陽？妳看，這裡還有更大方的例子，」保羅微微把頭向前方點了一下，暗示我順著他的目光看過去，「那個老太太直接就在眾目睽睽下裸泳了，哪有什麼對身材沒自信的問題！」

我瞠目結舌地看著一絲不掛的老太太在遊客絡繹不絕的海灘上，好整以暇地游起泳來，完全不在乎自己垂墜的乳房和鬆垮的肚皮；我一轉頭，另一個頭髮半禿的老先生正褪去了全部衣衫，從容不迫地晃著他略顯疲態的男性雄風走向水邊。我確認了一下周遭，我們應該沒誤闖天體浴場呀？

「現在年輕人不會在一般海灘這樣做了，女生最多是上空而已。」保羅向我解釋，「不過在公開場合裸泳對這些前東德人民來說很正常喔。雖然以現代眼光看來是有點有礙觀瞻，但好處是日光浴後不會留下任何泳衣痕跡啊。」

話說回來，天體海灘在歐洲並不是什麼新鮮事。除了崇尚回歸自然的信念外，另一項實用之處就是可以把自己的胴體曬得均勻美麗。

西方人迫切把自己曬成健美膚色的行徑，和強調「一白遮三醜」的東方女性正好是相反路線。當然，許多打扮和舉止上的差異，往往和不同人種的生理特徵有關，因為人總是嚮往自己缺乏的東西。當我們欣羨著好萊塢明星的高鼻大眼，也有不少西方人深受小麥膚色、細長鳳眼與滑順直髮吸引。

不過，審美觀的差異也造成許多文化「奇景」，例如有台灣女性在國外街頭撐陽傘，或是因為擔心曬黑而在海灘上仍穿著薄長袖上衣時，這些在國內稀鬆平常的舉動，在歐美人看來往往不可思議。

「妳們為什麼大晴天還要撐傘啊？不是正好可以曬曬太陽嗎？」荷蘭好友安潔有回就提出了這樣的疑問。不過，在我解釋了台灣夏天無法直曬的火烤太陽，以及我們重視美白防曬的審美標準後，她似乎也能理解。

「說得也是，妳們這種膚色的好處就是不需要特地曬黑。」安潔認真地嘆口氣，「妳看，像我這樣白嫩嫩的皮膚，如果多了點小腹的話，看起來就跟肥油沒兩樣啊。」

這種審美觀上的差異我已經體驗了不止一回。自從到歐洲居住以來，從年幼孩童、妙齡辣妹到慈祥老太太，都曾對我的「東方風情」發出由衷的欣賞。從我的黑直髮，到我的單眼皮小眼睛、扁平的大臉或是暗沉的膚色等等，這些曾經令我對自己外貌感到不滿足的天然之處，卻偏偏都是備受稱讚的部分。

「你覺得，我去割個雙眼皮如何？眼皮撐開後，眼睛看起來還會變大噢。」有天，我因為睫毛倒插的困擾，半認真半開玩笑地問保羅。

「為什麼？你們亞洲人不就是應該要小眼睛才對嗎？」保羅既驚愕又困惑地說，「但如果妳非做不可，等回台灣再做吧，德國的醫生應該技術不會太好。」

「呃，為什麼？」這回換我困惑了，「德國醫學不是應該很發達嗎？這種小手術怎麼會做不來？」

「因為，」保羅毫不遲疑地回答，「這裡人人都有雙眼皮，一點都不稀奇，所以沒人會去做這種手術啊。」

正是如此，我在自己國家裡感到不如人的部分，卻經常被外國人認為別具特色。一開始，我也不禁懷疑起西方國家的審美觀，尤其常聽到針對異國戀情這樣的酸言酸語：「老外的眼光都很怪啦，不然怎麼都挑一些長得不怎麼樣的亞洲女伴呢？」

但另一方面，想到西方的好萊塢明星等名人代表，卻又都是東西方一致公認的俊男美女，這時「外國人沒有審美觀」的說法似乎並不成立。

這種「差別待遇」的原因其實很簡單，光以台灣為例，媒體上所吹捧的那些「正妹」形象，幾乎不外乎是明眸大眼、白皙肌膚、巴掌臉，加上染成淺柔髮色的飄逸捲髮，最好還要有C罩杯以上，而這些其實都是屬於西方女性的生理特色。從這樣的角度看來，西方人欣賞那些具有神祕東方感的特色，也並不是什麼稀奇的事了。

「欸可是，你的腿毛才多吧，為何你就不用除毛？」我們把海灘上形形色色的人群觀察一番後，我忍不住又回到最初的話題。

「男人沒在除毛的啦。又不是那些雜誌男模，需要用除胸毛和塗油來展現他們油亮亮的胸肌。」保羅毫不在意的說。

「我偏偏就覺得男性胸毛很性感，但是腿毛很噁心。」我嘆口氣，「你們的男性審美標準為何剛好跟我相反呢？」

這麼看來，即使在女權發達的歐洲，男女平等在審美標準上怕是難有實現的一天了。

做自己最迷人

在歐洲待一陣子後，我便發現這裡的女性對於外表青春的定義，並不光是讓外表和裝扮停留在過去的年歲，而是發揮本身的長處，使自己看起來朝氣有活力。

保羅先生像大部分的德國男人一樣，對於服裝時尚沒多少概念，約會時不管我如何費心穿搭，他似乎都完全沒注意到。尤其在同住一個屋簷下之後，每回出門時他總是千篇一律地說：「很漂亮了啦，現在可以出門了嗎？」反倒是我不時會對他隨便套上的寬鬆T恤頗有微詞，非要強迫他回去換件像樣點的衣服不可。

但即使是平時缺乏時尚神經的保羅，一到要見客戶或是出席音樂會等場合，就必定西裝筆挺，判若兩人。畢竟，「看場合穿衣服」在歐美國家一向是天經地義的穿衣守則，有些正式場合還會指定著裝要求（dress code），這時若穿著風格相差太遠，在旁人眼中就是一副沒進入狀況的模樣。

「我穿這件洋裝去你們公司派對好嗎？我從台灣帶來的新衣服喔！」我興高采烈地說。

「欸，換別件好嗎？」保羅有些猶疑地回答。

我手上拿的是近年流行的韓風Ａ字洋裝，裝飾著甜美公主氣息的花朵和緞帶。聽到這樣的答案，我大概心裡有底了。我換上另一件素色成熟風的貼身洋裝，以符合公司派對所期待的「商務休閒」風。這回，我們總算順利地出門了。

我不是唯一一個碰過這種狀況的人。

「唉，外國人好像都不太愛我這型的呢。」從歐洲自助旅行回來後，我那迷人的好友黛莉如此嘆道。

黛莉在台灣一向追求者眾，大學時代還是公認的系花。她似乎不太習慣在國外時非但無人搭訕，成年男子甚至連正眼都不看她一眼的事實。

原來，黛莉的裝扮一向走蕾絲蓬裙的洋娃娃路線，嬌小的個頭，加上讓歐美人士無法分辨年齡的娃娃臉。黛莉無人搭訕的原因，恐怕就是沒有人膽敢承擔戀童癖的名聲吧。

流行原本就是不斷浮動的概念。尤其身處異鄉時，明明某地認為是時尚的標準，在另一地卻正可能相反。例如台灣女性普遍流行偏甜美可愛的日韓系服裝，但這種風格在歐洲，尤其是我居住過的荷蘭與德國等地，卻並不怎麼受歡迎。

不難發現，台灣女性在裝扮上的一大特色，就是偏好打扮得比實際年齡更年輕。站在一塊時，台灣女孩總會看起來比同年齡的歐洲女孩小上許多歲。顯然由於歐洲女孩普遍習慣成熟風的穿著方式，也很習於展現自己的身形體態，或者應該說，她們並不介意選擇符合真實年齡的服飾。可愛風格的服裝，最多只能穿到青少女階段，超過這個年紀之後便會顯得造作了。

雖然，外貌比實際年齡顯得年輕，對女性而言無疑是值得羨慕的事，不過在某些場合下卻可能適得其反。畢竟，若因為自己的外表顯得過於幼齡，而讓潛在的約會對象因此打退堂鼓的話，可就不是什麼值得開心的事了。

在往返台灣與歐洲這十年的期間裡，我一開始還會大費周章地把甲地購入的時裝打包到乙地，後來便很少這麼做了。因為我發現在環境的移動過程中，沒有什麼是可靠的時尚指南，最實際的做法，就是乾脆把當下的流行放到一邊，直接挑選最能突顯自身個性和優點的服裝。

儘管歐洲是許多時尚名牌的發源地，媒體上也不乏最新時裝發表和潮流趨勢的報導，但即使走在最繁忙的名品大街，也很少當地人會提著鑲有斗大名牌商標的新款包包。而不管當季的時尚潮流為何，大多數人其實還是選擇最適合自己的裝扮風格：黝黑膚色便選擇色彩亮麗的服飾，雪白肌膚便像第凡內早餐裡的奧黛莉・赫本一樣穿上優雅的黑色連身洋裝，而亞洲女生也可以享受天生黑髮的優點，無需受限於和自己髮色不搭的服裝色彩。

有年秋季，台北街頭一窩蜂吹起了迷你短裙搭配高筒馬靴的流行風氣，許多女生於是把及膝裙和長裙都收在衣櫃底層。但我卻見到法語學校的法國女教師，自在穿著過膝裙裝和平底鞋散步。她從容舒適的模樣，令人忍不住想扯下自己腳上的僵硬長靴，模仿起她的穿著風格。

這也是我剛到歐洲時的第一印象：搭配自己的個性，才是最迷人的時尚態度。

在歐洲待一陣子後，我便發現這裡的女性對於外表青春的定義，並不光是讓外表和裝扮停留在過去的年歲，而是發揮本身的長處，使自己看起來朝氣有活力。例如，上了年紀的婦女也不太會為了掩飾年紀，而刻意把白髮染回從前的年輕色彩，我見到不少老太太將銀白頭髮削成俐落的短髮，看來反而青春又極富個性。

同樣地，歐洲女性在化妝手法上的傾向，也多半偏向妝感明確的成熟風格，並不時興「自然妝感」或「裸妝」這種在日韓雜誌上相當受歡迎的手法，好讓自己的肌膚看起來像青春少女一樣吹彈可破。也難怪台灣女性一旦到了國外，往往會讓人難以辨識年齡，除了天生膚質的優點外，更大原因還是在於穿著與化妝的方式。

不少西方年輕女性即使一身T恤牛仔褲的便裝，臉上還是會畫了美麗妝容才出門，許多女孩更是從中學起便頂著濃密的眼線睫毛膏上學。

「對呀，妳看我們的睫毛顏色就是這種淡金色，」金髮碧眼的安潔說道，「如果不用睫毛膏塗黑的話，雙眼看起來就很無神啊。」

而台灣女性習慣的日常淡妝，按照法國女友亞絲的評語則是：「跟沒化一樣。」亞絲有次試著幫我畫上她認為理想的妝容。畫完後，我被鏡裡的影像嚇了一大跳，粗黑的上下眼線、誇張的唇色，我只差沒用台語喊出：「看到鬼啊！」

此後，不管亞絲怎麼慫恿，我也堅決不肯照她的化妝標準打扮自己，而是繼續走我的簡單素淨路線。畢竟我早有體會，堅持自己的個性與特色才是不二法門。

「天啊，好漂亮的頭髮啊！有這種直髮真好！」柏林一間傳統家庭髮廊裡，親切如長輩般的中年美容師便是這樣一邊撥開我的黑髮，一邊發出嘖嘖讚賞，似乎根本沒注意到我的厚重髮色和久未修剪的毛躁髮尾。

幾次經驗下來，我開始暗自慶幸，「自然就是美」果然是不朽的真諦，以後我就無需費心打理自己的外在了。不過，我的僥倖心態只維持到下次回台省親的時候。

「呃，妳的頭髮很久沒整理了吧？」家鄉的美容師一臉憂愁地檢視我的頭髮，「妳原有的髮色過黑，這樣有白髮的話看起來會非常明顯喔。趕快來選個喜歡的顏色染個髮吧。」

說來諷刺，在家鄉時反而得格外關注自己的外貌呢。

在網路上認識另一半

在異國戀情方面，網路交友是一大助力。畢竟，除非原本就在能夠接觸異國文化的工作或學習環境中，否則很少人天天都有機會認識來自不同國家的對象。

開始約會一陣子以後，保羅先生偶然得知我上過交友網站。

「什麼？妳為什麼會去用那個東西？」保羅的語氣中顯然不怎麼認同。

「約會網站沒你想的那麼不堪啦。我在國外又沒認識幾個人，這可以幫助我拓展生活圈啊。」我說，「而且你忘了，嚴格說起來，我們也是透過網路認識的啊。」

「這倒是沒錯……」保羅不得不承認。

不管時代多麼進步，「網路交友」聽起來總給人不太正經的感覺。在實際碰面之前，在通信另一端打字的那個人永遠只是個螢幕建構出來的形象。就算有再多次的視訊聊天，但曾經與網友見面的人都知道，這和實際生活中的相處絕對無法相提並論。

然而，網路交友儘管可能背負著既定的負面形象，卻仍成為現代人在實際的社交場合之外，認識約會對象的主要管道之一。畢竟在繁忙的都會生活中，網路的確能夠快速刪選符合客觀條件的對象。至少在比較正式的交友網站上，都會先列出對方的基本資料、興趣，對交友的期許等等資訊，雖然少了實際生活中逐漸認識一個人的驚喜感覺，但這無疑對汲汲營營於尋找真命天子或天女的人來說，是再方便不過的利器了。

至於在異國戀情方面，網路交友更是一大助力。畢竟，除非原本就身在能夠接觸異國文化的工作或學習環境中，否則很少人天天都有機會認識來自不同國家的對象。網路的無遠弗屆，就在此發揮了最大功能。

「欸，妳們會跟網友見面嗎？」同樣來自台灣的留學生佩玲怯生生地問道。

佩玲幾天前初次上了約會網站，過沒多久，她便收到一封看起來相當友善的邀約訊息。佩玲不太確定接下來怎麼做最好，於是在幾個女生一起喝茶閒聊的時刻，提出這個問題。

「當然啊！不然妳上約會網站幹嘛？」法國女同學亞絲立刻回答。

「呃，可是這樣不會有點怪嗎？妳根本就還不認識對方，而且不會有點風險嗎？」佩玲有些猶豫地繼續問道。

「要我的話，」我說，「我會先互通幾封訊息，確定我跟這個人聊得來，然後才考慮見面。」

亞絲立刻接著說：「何必那麼麻煩？妳怎麼知道他在訊息裡說的都是真的呢？我跟妳說，要認識一個人，還是以實際見面為準，所以不如一開始就約出來，不用浪費時間在那邊寫作啦。」

佩玲徘徊在兩名東西方文化代表的不同意見中，得不出一致的結論，最後一臉煩惱地離開了。

幸好，佩玲的網路交友經驗有個好結局。雖然她沒有和最初邀約的網友見面，但後來她鼓起勇氣，主動發訊息給某個她頗感興趣的對象，兩人見面幾次之後，從此便穩定交往至今。

和保羅交往之前，當時單身的我也曾在約會網站上登錄個人檔案，並和其中幾人約出來見面過。

我對交友網站始終抱持中立態度，因為藉由網路的擇偶功能，我確實在上面碰到幾個不錯的約會對象，甚至有一兩個到現在都還維持著正常朋友關係。但另一方面，也的確有許多人只是為了尋找一夜情或性伴侶的對象。我的個人信箱裡便經常收到一看就知毫無誠意的訊息：

「嗨，你好辣。」

「今晚有空嗎？」

「美女，可以做個朋友嗎？」等等。

我剛開始還會傻傻地逐一回覆，但這類的訊息往往不出幾句就會變成：「想上床嗎？」以至於我後來看到這類垃圾郵件般的訊息便直接刪除。

反倒是有一兩回，對方開誠布公地寫道：「我很直接地說，我只想找個可以發生性關係的對象，如果妳沒興趣就請忽略我，有興趣請跟我聯絡。」

這樣的誠實反而讓我覺得尊重，我至少會回覆一句：「我沒有興趣，但謝謝你的坦白。」

不過，朋友小琪的交友網站經歷，卻不幸讓她留下了負面的印象。

雖然小琪並沒有特別想找個外國男友，但由於生活圈小，個性又屬於害羞不善交際的類型，於是偶然間發現了免費的國際交友網站後，便抱著姑且一試的心態登錄了自己的檔案。

讓小琪大開眼界的是，當天新的訊息便如雪片般飛來，幾乎世界各地的對象都有。其中，有個愛爾蘭網友以優雅認真的文筆，引起了她的注意。小琪於是和對方開始互通訊息，一開始只是單純的筆友關係，直到有天對方寫道：「嘿，我下個月去澳洲出差，會在台北轉機。願意碰個面嗎？」

兩人見面後，對方表明自己對小琪很有感覺，才會願意特地安排如此長程的見面。小琪相信了對方的真心，兩人回到飯店溫存了一晚，小琪也為自己一腳踏入的異國戀情充滿期待。

接下來的故事並不令人意外。隔天起愛爾蘭人便音信全無，而對方口中的「等我回國後就會安排妳飛過來找我」更是未曾上演。小琪過了好一會兒，才明白自己只是個假日情人的功能。在一陣傷心懊悔後，小琪從此學到，網路上的朋友無論在虛擬世界中多麼心靈互通，在實際生活中依舊是個需要謹慎面對的陌生人，更何況對方還是背景不詳的短暫外來過客。

或許正由於大家上網交友的動機各有不同，使得各種平台也逐漸區分出不同的功能取向，尤其針對智慧型手機的交友程式也越來越五花八門，讓想來段速食愛情的男女有了更方便多元的選擇。

「妳有用微信嗎？我在中國都用這個和女生約會，非常好用呢。」許久不見的英國友人馬克，剛碰面沒多久就劈頭問我這個問題。馬克最近幾年都在上海工作，看來似乎在男女關係上相當吃得開：「不過，我發現台灣人好像不太用這個，你們的交友程式都用什麼？是那個叫LINE的東西嗎？」

我之後在好奇心驅使下，也下載了馬克說的聊天程式來瞧瞧，果然有個搜尋附近的人來聊天的功能。不過手機滑了半天，只能看到一張張顯然經過修圖的大頭貼，無法看出更多資訊。也難怪，這類以圖片為主的手機聊天程式私下有著「約炮神器」的別稱。畢竟若只是尋找一夜情的對象，只需看到外表就可以決定下一步了。

「另外，我發現這上面有不少偏好外國人的使用者，我就收到不少主動邀約的訊息，而且也都表明自己就是要找異國對象。」馬克接著說，「妳說他們有沒有可能成為認真交往的對象?就算有,也是相當少見吧。」

我和保羅相遇的管道,不是交友專用的約會網站或聊天軟體,而是自助旅遊者常用的沙發衝浪(couchsurfing)網站。我和好友崔西一同前往德國旅遊時,透過網站找到了願意接待旅客的沙發主人保羅。在愉快的投宿經驗後,由於彼此都留下了良好印象,於是之後也繼續保持聯絡,直到機緣使我們再度相遇。

也因如此,保羅有時會被朋友調侃道:「你知道沙發衝浪不是約會網站吧!你是不是搞錯什麼啦?……」

在決定交往之後,由於原本就是分處兩地,遠距戀情於是成了我們接下來必須面對的最大挑戰。而這回,網路絕對是克服挑戰的最大功臣。

現代的即時通軟體、視訊,甚至手機定位功能,確實有效地減輕遠距離可能帶來的思念與不安。當然也有因時差與連線失誤所導致的失敗溝通,但幸好我們兩人都不會黏著對方、或是必須隨時掌握對方的行蹤,靠著網路提供的多項服務,幾年的遠距戀情也就這麼走過來了。

不過，這些都還只是開始而已。

他在追我嗎？

在歐美社會，碰到有好感的對象時多半就會開口約對方出門，但熱情的約會邀請並不保證愛情的發生。

「所以，保羅是怎麼追到妳的？」

我和保羅開始交往不久之後，某天有個台灣友人這麼問我。

「追？」我一時竟然無法體會這個中文字的涵義，「呃，怎樣才叫追呢？我們是在他的生日派對時，彼此都有點感覺，隔週他又寫訊息給我，表示希望能再見面。這樣算是追嗎？」

「唔，跟我說的意思不太一樣啦，」友人似乎對我的遲鈍回應感到詫異，「我指的是一些特殊的表示，像是送花啦、送小禮物啦，總之一些貼心的舉止讓妳動心的。」

「好像還真的沒有呢，」我苦思了半天，「我後來又去了一趟德國，保羅也來了幾次荷蘭找我。幾次見面下來，都覺得對方似乎是不錯的人，我們就這樣順其自然地在一起了。」

「所以你們就是約見面而已？好吧，遠距離戀愛大概很難要求太多吧。」友人啜了一口茶，顯然對於沒有聽到想像中的浪漫追求故事略微不滿。

認識來自其他國家的人後，我才發現不同文化中對「追求」的概念並不相同。在我認識的台灣男性友人之間，有不少是在確定自己的心儀對象後，便開始送出一些「暗示」：有意無意地在言語上稱讚或是討好對方；利用各種藉口，想辦法增加兩人碰面的機會；或是透過共同好友打聽對方的喜好，三不五時做些貼心的舉動等等。然而，他們幾乎不會直接開口邀約對方出門，理由是：「太直接的話，會把對方嚇跑啊！」

我從前並未意識到這樣的做法有什麼特別，這種追求的曖昧感似乎是種心照不宣的共識。但另一方面，在歐美社會往往是另一種做法，他們碰到有好感的對象時多半就會開口約對方出門。其中不同的是，追求者當然希望能和對方交往，但約會的邀請則不盡然。約會其實就是互相認識的方式之一，無論對提出或是接受邀約的一方，都是一步步確認彼此心意的必經過程，熱情的約會邀請並不保證愛情的發生。

這中間的文化差異可大了。

「我班上有個男生說要約我喝咖啡耶，這是約會的意思吧？」婷怡有天問我，「可是我們根本就還不熟，這未免也太積極了，我應該不用理他吧？」

婷怡是剛來到異鄉的台灣留學生，姣好的外表讓她一下就受到周遭異性的注意，但對於西方男性直截了當的單獨邀約，婷怡在一絲欣喜之外卻又感到更大的困惑。從前在台灣時，雖然她隱約知道班上幾個男生似乎悄悄地愛慕她，但幾乎沒有人膽敢追求系花級的女孩，以致婷怡的實際戀愛經驗並不如外人想像的多。婷怡對於剛到國外就收到約會邀請，大感不習慣。

「我覺得妳不用想太多，他是約妳喝咖啡，不是向妳告白。」我試著用自己的理解來回答，「除非妳真的對他一點好感也沒有，否則也不用斬釘截鐵拒絕對方。照這裡的文化，約自己感興趣的對象出門是很正常的事，他也不見得就真的想要交往，之後的發展完全是看各人造化囉。」

住在台灣的美國友人大衛則發表過另一番看法，當我問及他在台灣的約會經驗時，他滔滔不絕地說道：

「我覺得，台灣男生不太敢開口約女生出去，他們好像都很怕被拒絕。但不主動的話，要怎麼找到交往對象呢？」大衛苦笑著說，「也難怪在我約過幾個女生之後，我就聽到有人說出『外國人真的比較放蕩』或是『外國人果然比較吃得開』這種評語。我這才發現，他們對於約會的想法跟我不一樣。對我來說，約女生是要進一步認識對方，如果約會時覺得沒那麼契合，當然就不會約第二次；但在這裡的人眼中，我就變成隨便約不同女生出去、玩弄別人感情的老外了。」

於是我也意識到，在台灣的追求文化中，特別容易出現「工具人」的現象。這些追求者對於心儀的對象會隨傳隨到，會在旁默默守候對方，等待對方電腦故障待修、等待對方需要交通工具接送、等待對方有任何生活需求的時候，卻往往得不到期待的感情回報，只被對方當作呼之即來的好用工具。雖然工具人一詞常會讓人聯想到理工科系的男性，但在現實生活中，明知機會渺茫卻仍甘願用各種方式為對方付出的大有人在，不管是什麼行業、也不限哪一性別，都有可能出現「工具人」。

阿正對於美人麗塔相當癡迷，無論麗塔要求他做任何事，他一律二話不說滿口答應。而當麗塔偶爾約他出門時，阿正自然欣喜若狂，排除萬難也會赴約。

身為兩人的共同好友，我私下問麗塔：「所以妳對阿正有意思嗎？」

「完全沒有。」麗塔即刻回答，「而且我還清楚的跟他說過不可能，但是他自己說沒關係，可以只做朋友就好的。所以我就當他是個體貼的好朋友，再說，我需要別人幫助的時候，找自己的朋友幫忙很正常吧？如果這樣會對他造成困擾，他應該自己拒絕，或讓我知道啊！」

不過，阿正顯然並不只想當朋友而已，他心中仍期盼以忠誠服務抱得美人歸。只可惜，真實人生並不是偶像劇，麗塔後來選擇了另外的對象並步入婚姻，阿正從此便從共同的朋友圈消失了。當然不是說工具人就沒有追求成功的例子，但多數時候，聽到的還是失敗的居多。

「我沒用這種方式追求過女生，一開始約對方的時候就知道結果了，不是嗎？」大衛聽到這樣的故事後，回應了他的想法：「如果對方只是猶豫要不要接受約會邀請，我會盡力向她展現我的優點，想辦法說服她和我約會。但若對方明確拒絕的話，我就會再去找新的約會對象。被拒絕當然不是滋味，但不至於到受打擊的程度，畢竟都沒約會過，還沒真正動心啊。」

倒也不是說歐美社會就沒有工具人的角色，但大體上噓寒問暖的追求方式並不是常見的選項。藉由約會一步步認識對方，某種程度上也是種防衛機制，不致因一廂情願的付出而陷入盲目的執著。

「欸，被朋友一問，我才想到你當初都沒怎麼追我，我們就這樣在一起了耶。」

我故意對保羅開玩笑地說。

「追？」此時已是穩定交往關係的保羅同樣反問了這個字，然後大笑起來，「妳走路這麼慢，我哪需要追上妳啊？」

簡直是對牛彈琴！我只能安慰自己，這個德國宅男還懂得主動邀約，已經算是不錯的表現啦。

原來我們還不算男女朋友

就台灣人的角度看來，歐美的約會模式有時讓人有種不確定感。這其實是由於台灣文化中對於「稱呼」或是「名分」的重視。

我和老公保羅究竟是幾時算是正式交往呢？回想起來，保羅從來沒說出我想像中的「妳願意做我女朋友嗎？」或是「和我在一起吧！」等等偶像劇中的告白台詞。

真實的情況是，就在我們約會過幾次後，某天保羅向旁人提到我時，順口說出了這樣的話：「我女朋友說過……」

「咦，所以我們是男女朋友了嗎？」我心中暗自大吃一驚。雖然表面仍維持鎮定，內心卻是翻騰不已。原來保羅心目中已把我認定是穩定交往的對象，只是從來都沒說出口而已。我猶豫著是否該把話講清楚，不過望著保羅像泰迪熊般的溫和棕色雙眼時，我頓時明白，這個問題已經無需開口問了。

我和保羅應該屬於比較少見的狀況。從周遭朋友的例子看到，大抵都會在約會至一定階段後，就會作出是否進入認真交往的決定。當然，每對情侶提出的時間點和方式各有不同，有人是在約會一個月後，有人則等上一年；有人是正襟危坐地提出確認交往的談話（the talk），有人是打情罵俏中忽然冒出「我愛你」三個字，也有人像我們一樣，覺得已經單獨約會這麼久，兩人的交往關係早已是既定事實，無需刻意說明。

每段戀情都有不同的節奏和箇中滋味，這也是約會和交往吸引人的地方吧。

然而，約會過程中也不是沒有風險的，最明顯的大概就是難以判斷對方的認真程度。

萱婷認識法國人亞歷不久後，便答應了他的約會邀請。亞歷熱情非凡，在兩人相處氣氛正好時，冷不防便來個深情的法式熱吻。萱婷一開始未免感到驚愕，但立刻就被捲入這愛情電影般的激情之中，兩人於是在第一次約會時就發生關係。萱婷這麼告訴自己：「他真的對我很有感覺耶。西方人剛約會就上床應該很正常吧，電影上都是這樣演的。拒絕的話可能會被認為太保守，我不想留下負面印象。」

可惜，現實生活並不是電影。兩人之後雖又見了幾次面，但亞歷的熱情明顯衰退，反而是沉浸在戀愛感中的萱婷常常主動邀約。終於有一天，亞歷說出她不想聽到的話：「我覺得妳有點太認真了，我想我們還是別再見面了吧。」

大驚失色的萱婷立刻質問道：「什麼叫太認真了？難道你一開始就只是想找床伴而已嗎？」

亞歷輕咳了一下：「嗯，妳不也是嗎？不然妳怎麼會第一次約會就願意跟我上床？」

「還不都是你要的！我以為你們這邊的人都是這樣。但我是想認真談場戀愛的。」萱婷幾乎是哭著說。

「那妳為什麼不拒絕我呢？」亞歷似乎有點難以啟齒地回答，「我說，妳也不是小女孩了。妳應該知道一個男人剛認識就想上床，大概不會多認真吧？我還以為我們是兩相情願，只想一起度過愉快的時光呢。妳如果一開始就表達妳的想法，我當然會尊重妳的。」

萱婷後來和我分享這段經驗。她在之後的交往關係中，學會清楚表達自己對感情的期待。不管他人或是電影裡的做法如何，她訂下自己覺得可以接受的約會界限。令她開心的是，對方並不會認為她保守或傳統，她的坦誠態度反而更有助於兩人交心。

確實，就台灣人的角度看來，歐美的約會模式有時讓人有種不確定感。這其實是由於台灣文化中對於「稱呼」或是「名分」的重視，若在親密狀態中的兩人並沒有男女朋友的名分，難免就會面對來自友人或甚至自己的尷尬問題：「所以你們現在到底是什麼關係？」

我另一名女性朋友莉文也分享了她學到的功課。她先前認識了一名體面的英國男士，對方立即被她頗有東方風情的外表吸引而展開邀約，但莉文不久就對兩人的約會感到忐忑不安。

「他看起來好像真的很喜歡我，一直約我出去，但他從來沒說是否想和我交往。」莉文皺著眉說道，「但當我乾脆問他是否想做男女朋友時，他就支吾地說何必這麼急，不能好好享受現在的感覺嗎？這樣看來，我覺得他應該不是認真的，我在台灣的死黨也都這麼說。」

一個多月後，莉文按捺不住內心的鬱悶，向對方下了最後通牒：「我很喜歡你，可是如果你不想承認我們的關係，我們最好不要見面吧，我不能忍受這麼曖昧不明的狀況。」

「我的確喜歡妳，但是我們才認識不到兩個月，老實說我還不知道我們是否真的合適。」對方給出了冷靜的回答，「我覺得還不是進入下一階段的時候，如果妳一定要我現在做決定，那我也只能拒絕了。」

莉文之後悵然若失了好一陣子，似乎覺得自己被甩了，但事實上兩人不曾正式交往，根本也談不上分手或失戀。而最主要的問題，還是歸因於兩人對約會的認知和期待根本不同。

「跟我約會過的台灣女孩，有幾個在一開始就對我做身家調查，」美國友人大衛繼續分享他的異國約會經驗，「像是我的經濟能力，有沒有買車或買房的打算，預計什麼時候結婚，甚至還問到以後想不想生小孩等等，感覺很現實啊。」

「我可以理解啦，」我回答，「如果以結婚為前提交往的話，是會想問這些問題，免得交往後才發現這些客觀條件不合。這也是不耽誤彼此時間精力的做法啊。」

「難道你們不覺得，兩人聊得來或是欣賞對方的個性，是比較重要的條件嗎？」大衛顯然無法認同，「很多事情不是現在就能決定的。如果我真心愛上一個值得的女孩，決定和她共度一生的話，那麼就算我們原本的人生規畫並不相同，我也可以為了她想辦法調整，找到對兩人都好的方式。」

「我同意你的看法啊，」我說，「只能說每個人觀點不同囉。」

真要說起來，我和保羅後來也為了對方做出不小的生涯調整：我為了他離開深愛的台灣小島，他也為了我辭去原本在科隆的工作，搬到較為國際化的首都柏林。而這些都是我們開始約會、甚至進入交往以後從未閃入腦海的選項，更別提搬上檯面討論了。

「其實，我剛開始一直覺得我們遲早會分手，因為我終究要回台灣的。」面對友人的追問，我尷尬地實話實說，「但即使我們後來相隔兩地，保羅也始終不願意放棄這段感情。最後我們協調出讓兩人都能接受的方案，現在也才能夠在同一地生活。」

的確，在荷蘭長住五年的期間，我從來也沒想到最終竟是在德國定居。這又豈是剛約會時能夠預料到的結局呢？

「所以，我們到底是幾時正式在一起的？」我還是想不出這個問題的答案，乾脆轉頭問一旁的保羅先生。

「不記得了……這很重要嗎？話說妳晚餐想吃什麼？」

「披薩加啤酒配影集。」我不假思索地說。

「好答案！」保羅說，一邊從冰庫裡把冷凍披薩拿出來放進烤箱。

也是，每段交往關係的發生都各不相同，重要的是已成的事實。與其糾結在這個問題上，還不如好好享受眼前老夫老妻般的現實生活吧。

為什麼要結婚？

根據法國的法律規定，同居和結婚幾乎擁有相當的權利義務，共同扶養小孩的事實才是重點。如果說兩人關係必須靠一張紙來維繫，不是有點悲慘嗎？

如果照台灣的適婚年齡標準來說，我決定踏入婚姻的時候已可算是高齡新娘了。若問說在國外留學的這幾年，除了拿到學位還有什麼實質好處的話，我想最大的優點就是在婚姻方面天高皇帝遠，鄰家三姑六婆的閒言閒語怎樣也傳不到我耳裡。

「什麼，聽說你們台灣人會把年過三十的未婚女性稱作剩女嗎？」法國女友亞絲有天不知從哪聽到這樣的話題，大吃一驚地跑來問我。「這樣也太無情了吧！用這樣的標準，法國一大半女性都是剩女啊！」

「是沒錯，一開始是中國大陸的用語，後來台灣人也常用大齡剩女這個詞了。」我幾乎是窘迫地說，「其實這還不是最糟的，從日文來的敗犬兩字，也是在形容過了適婚年齡還沒嫁掉的女性。」

「敗犬！被打敗的狗嗎？」亞絲驚嚇到將這個詞重複好幾次，「你們亞洲人會不會太狠了？不結婚連人都做不成啦！你知道嗎？不光是法國，現在很多歐洲人也都選擇不走婚姻這條路，像我爸媽一同把三個小孩拉拔長大，至今都感情融洽，但其實他們從來沒登記結婚過呢。」

「哇，這樣不會有問題嗎？」換我嘖嘖稱奇了，「比方說小孩戶籍或申請補助方面？」

「不會，因為根據法國的法律規定，同居（partnership）和結婚幾乎擁有相當的權利義務，你們共同扶養小孩的事實才是重點。」亞絲接著補充，「對我們來說，結婚只是形式而已，如果說兩人關係必須靠一張紙來維繫，不是有點悲慘嗎？所以說，你們所謂的不結婚即敗犬，在我們耳裡聽起來真的非常奇怪啊。」

「是啊，」我苦笑著說，「所以就這方面來說，我在國外覺得自在多啦。」

最初我也是堅信「婚姻並非人生必經之路」的一份子，加上歐洲女性友人們的肯定，我原以為自己可以輕易以單身狀態享受一輩子的人生。誰知世事難料，讓我能夠維持長久關係的保羅先生偏偏是個德國人。在我們歷經了漫長的遠距離交往階段，終於下定決心一同生活後，由於必須申請長期居留的關係，辦理結婚簽證顯然是最方便與合理的做法了。

我才放出結婚的消息沒多久，家裡便立刻接到以擅長八卦話題著稱的鄰居媽媽來電：「哇，恭喜呀，終於嫁出去啦！」

這樣的「祝賀」讓我不禁啼笑皆非。原來我一向自詡過得逍遙自在的人生，在旁人眼裡卻是失敗不幸的例子呢。幸運的是，我的個性向來我行我素，別人的流言蜚語很難影響到我，我也才能順利保持長久的單身生活。

在台灣的社會脈絡下，我不只一次聽過這樣的批判：到了一定年紀的未婚女性必是哪裡「有問題」，否則怎會嫁不出去云云。這類主張似乎認定大齡單身女性就是種不正常的狀況，卻不考慮許多女性是真心抱持寧缺勿濫的想法，或是早已從周遭例子中看清婚姻並不是幸福的保障，因此主動選擇單身。

「當然要結婚才有保障，」鄰居媽媽這麼說，「結婚的話，老了才能有個伴。而且萬一以後婚姻失敗，還可以訴諸法律啊！」

不見得要結婚才能有伴啊。我原本想再繼續回應，但想到畢竟台灣還沒有類似法國的同居伴侶法，恐怕難以改變長輩的觀念，我也只好默默嘆口氣不再爭辯，同時心裡期盼有天台灣也能有較彈性的人生選項。

正因如此，對於婚姻的不同觀念與期待，顯然也是異國戀情中的一大考驗。

「我們交往也好一陣子了，可是我那個荷蘭男友都沒有主動提過想結婚。我又不想直接和他攤牌，這樣好像我在逼婚一樣呢。」萱婷便曾這麼嘆道，「我都懷疑他到底對這段感情是不是認真的啊。」

就像法國一樣，由於荷蘭人的開放精神讓他們沒有「非婚不可」的觀念，認真交往的情侶也可以有同居或結婚的不同選擇，因此並非所有人都認為「結婚」就是美好結局。

「我自己是覺得結婚或同居都無所謂。但是我的台灣女友說，不結婚的話會讓她很為難，因為她家長輩會一直逼婚。」另一名荷蘭友人路易表示，「所以我就答應結婚了。如果她不跟我強調這方面的文化差異的話，我大概一輩子都不會提出結婚的想法吧。」

英國友人戴夫則碰到另一種狀況。「我的日本前女友跟我分手的原因，竟然是因為我沒有要跟她結婚的意思，所以她覺得沒有未來。」戴夫略帶埋怨的意味說道，「問題是她從來沒告訴我她想結婚啊，難道我可以猜透她的想法嗎？」

「那她提分手的時候，你趕快跟她求婚不就好了？」雖然知道這是放馬後砲的問題，我還是忍不住這麼問了。

「唉，我們從來沒討論過結婚的事，總不能什麼共識也沒有，就這樣草草求婚吧。」戴夫苦笑著說，「而且她已經認定，我交往到現在都沒主動說要結婚，就是代表對她沒有誠意。我真不知道這是男女差異的關係，還是文化觀念的問題呢？」

顯然，結婚就是感情的「修成正果」，並不是放諸四海皆準的觀念。即使到了和鄰近歐洲國家相比較為傳統的德國，我也認識許多選擇不登記結婚的情侶，但他們的感情並不會因為不曾步入禮堂而降溫，他們一樣共同居住、彼此陪伴照應，也一樣共同養育兩人的孩子。

「我們不會覺得沒有結婚是少了什麼，反而因為沒有踏入婚姻，感覺像是一直在戀愛中呢。」德國友人卡洛已經懷孕五個月，和男友一起住在新建的小木屋裡。當我問及是否有結婚打算時，卡洛和男友一面相視而笑，一面這麼回答。

或許是受到愛情片的影響，或是身邊有令人羨慕的浪漫實例，許多女孩因此對於「求婚」這件事抱有相當高的標準：男友要做出別出心裁的驚喜，最好暗中聯絡好親朋好友一同配合演出，當然閃耀的求婚鑽戒更是不能省。不過，在歐洲文化的脈絡中，與其癡癡期待對方某天突如其來的求婚，不如直接開誠布公地討論彼此對「婚姻」這件事的看法，還更實際一點呢。

至於我的德國男友保羅，雖說也是有模有樣來了一場求婚過程，但事情的發生卻總覺得有點令人啼笑皆非哪。

「我說，我們要一直這樣遠距離下去嗎？」趁著兩人在四下無人的海邊散步的時候，我決定提出這個卡在我心中已久的話題。「以前我在荷蘭唸書就算了，現在我住台灣，每次都要這樣用旅遊簽證飛德國，最多也只能待上三個月，這樣不是辦法吧。」

「這個問題總可以解決的。」保羅只是簡短地回答。

「怎麼解決？簽證問題哪有那麼簡單啊？」見保羅不再說話，我有點不開心起來。學業已經結束，無法再用學生簽證待在歐洲，找到可以提供工作簽證的穩定工作又談何容易？遠距離戀愛維持不易，莫非終究是到了結束的時候？

「就是這樣解決啊。」保羅彷彿不經意地說，然後就從口袋裡順手掏出個小盒子，在我面前跪下了：

「妳願意嫁給我嗎？」

於是我們就這樣決定走向另一段人生了。我事後又好氣又好笑地問保羅：「如果我當初沒有先提出關於未來的問題，你打算什麼時候求婚呢？」

保羅露出大男孩般的靦腆笑容：「其實我也不知道。」

看來，直接攤牌也未嘗不是什麼壞事呢。

最完美的婚紗照

在許多歐洲人眼中，那些專程飛去巴黎鐵塔、新天鵝堡或是西敏寺前拍婚紗照的東方新人，簡直是種文化奇景。

當保羅先生和我決定踏上另一段人生經驗後，隨之而來的，就是和許多新人同樣的漫長婚禮籌備過程。唯一稍微不一樣的，是我們總共體驗了三場東西方不同的婚禮儀式：我們先在台灣的飯店裡舉辦了訂婚宴，隔年才在德國分別辦了公證登記和教堂婚禮。就和其他新人一樣，當身在其中時只能被各項瑣事追著跑，直到一切塵埃落定後，才有閒暇慢慢回味其中滿滿的東西文化衝突。

首先就是關於「婚紗照」這件事。

我個人是對婚紗照毫不嚮往的類型，即使是出自技術再好、拍得再自然的攝影師，光是「為拍照而拍照」這件事本身就讓我覺得彆扭到不行。再想到要更換多套禮服、擺各種姿勢、換各種場景，然後還得千挑萬選出數十組美照出來公開示人，光想就覺得頭痛。因此，我一開始便決定不在婚禮前拍這種「亞洲式」的婚紗照。

這對保羅來說一點問題也沒有。之所以說是「亞洲式」，原因是因為歐美國家對「婚紗攝影」的概念裡，其實並不存在這種事前拍好婚紗照的做法。保羅想法中的婚紗照，便是在婚禮當天儀式結束後，請婚禮攝影師替身穿結婚禮服的兩人拍幾張紀念照，這樣便完成了。這樣的婚紗照純粹是紀念性質，和作為婚禮上不可或缺的擺飾品，顯然是完全不同的概念。

於是，當我自以為體貼地向當時人在德國的未婚夫說道：「我可以不用拍婚紗照喔，這樣我們可以省一筆錢，你也不用提前飛來台灣拍婚紗。」

他的反應卻是一頭霧水：「不然呢？妳的意思是在婚禮前就拍好婚紗照？這樣妳的婚紗在結婚前就曝光了，這不是不吉利嗎？」

真要說起來，英國維多利亞女王大概是婚紗照的始作俑者。儘管女王不見得是史上穿著婚紗拍照的第一人，但可以確知的是，在當時肖像攝影技術剛開始探索不久的年代，女王伉儷流傳至今的無疑是最早的王室婚紗照。維多利亞女王在一八四〇年和亞伯特親王舉辦婚禮，一八五四年他們還原了婚禮現場，兩人穿著當年的結婚禮服，補拍了今日所謂的婚紗照。

女王的結婚照所代表的歷史價值，顯然更勝於其對於這對夫妻的個人意義。而透過相片的傳播，王室婚禮的記憶因此深植人心。而當攝影技術逐漸普及後，在婚禮等重要日子拍照留念也是愈來愈常見的做法。時至今日，幾乎所有的新人，都會在結婚這天用攝影鏡頭捕捉幸福的儷影雙雙。

而台灣和一些鄰近的亞洲國家則將這種傳統完全發揚光大，婚紗包套的方案年年更新，近年更流行起到海外拍婚紗。

不只是保羅，在許多歐洲人眼中，那些專程飛去巴黎鐵塔、新天鵝堡或是西敏寺前拍婚紗照的東方新人，簡直是種文化奇景。

「我以前只是耳聞，現在親眼看到這些千里迢迢飛到國外拍婚紗的新人，真是大開眼界。」有個法國朋友曾如此問道，「為什麼拍個婚紗照要這麼大費周章呢？我們最多就是當天到婚禮附近的景點拍拍照就好了。」

「哎呀，你要體諒我們。我們又不像你們歐洲國家，動不動就是城堡大教堂的浪漫背景，適合拿來拍照辦婚禮啊。」我說。

「好吧，就算是為了異國的浪漫氣氛，就經濟考量方面，這也很花錢吧。這樣婚禮完還有餘額去蜜月旅行嗎？」友人繼續追問。

「呃，因人而異吧。」我試著回答這個我也不確定的問題：「像我朋友的例子，他們就把拍婚紗之旅當作提前蜜月了，因為她認為一生只有這麼一次機會享受明星般的拍照經驗，當然要好好把握。總之每個人想法不一樣，新人覺得開心就好囉。」

台灣及其他亞洲國家這種大費周章的內外景拍攝方式，可說完全是婚紗業者一手促起的新近「習俗」。有些外國訪客或許感到難以理解，但也有外國新人對於這種婚紗包套的促銷大為羨慕。根據偶然遇到的一名民宿老闆娘的說法，她已經多次接待從國外來的準新人，他們正是為了體驗台灣這種分量十足的婚紗攝影，特地來台自助旅行兼拍婚紗呢。

另一方面，我不拍婚紗照的決定，雖然在年輕一輩的台灣新人間並不是什麼新鮮事，但對於我周遭的親友來說，也夠震撼了。

「我同意婚禮簡單就好！如果是我要結婚的話，我也懶得弄那些繁文縟節呢。」我和一名台灣女性好友喝咖啡閒聊訂婚瑣事時，她熱烈贊成我說要儀式從簡的做法。

「就是嘛，妳了解我的。」果然是女性好友啊，我心想。「就是因為覺得麻煩，我也不是特別愛拍照，所以婚紗照也可以省了。只要在婚宴時，請一名專業婚攝記錄現場就好了。」我接著說明。

「什麼！」我的女伴大吃一驚似地重重把咖啡杯放到桌上，差點濺了滿桌咖啡漬：「再怎麼簡單也不該略過婚紗照吧！這才是主要的樂趣所在啊！」她似乎已忘記，自己前一分鐘才說過「一切從簡」這幾個字呢。

至於家人方面，雖然他們並不干涉我一切的婚禮籌備過程，但母親也曾企圖勸說過我：「可是……妳不拍的話，訂婚會場不就沒放大照可以擺了嗎？要不要還是意思一下，拍個最少組數就好呢？」

我最後成功抵擋住來自各方的「鼓吹」，沒有拍那一大本厚厚的婚紗相簿，但我的三場婚禮儀式都請了專業攝影師在旁記錄。對我而言，事後回顧這些到場親友的笑容，要比審視自己的擺拍形象重要多了。尤其，我在柏林的婚禮派對是請我的攝影師好友幫忙，由於對彼此的了解夠深，她能夠適時捕捉我們私下互動的甜蜜時刻。而事後回味這些婚禮照片，總能不斷發現新的樂趣：

「天啊，原來我當時笑得這麼三八啊。」

「你看，這就是當時來和我們敬酒的親戚。你當時一定沒看清楚大家的長相，現在可以好好看得夠了。」

「哇，他們這幾個初次認識的人原來在這裡聊開了。我完全沒看到這個畫面呢。」

「你看你！長輩在跟我們講話，你還在背後偷捏我，照片上把這個動作抓到啦。」

……

對我而言，這就是最完美的婚紗照了。

新娘不就是要穿白紗嗎？

歐美並不流行出租婚紗，準新娘除非願意承繼母親傳下來的古董婚紗，否則多半要花上大筆金額購買這套一生只穿一次的白紗。

維多利亞女王婚紗照的另一層重要性，除了劃時代的攝影紀錄外，便是讓人永遠記得女王那襲華麗的雪白蕾絲禮服。或許由於女王婚紗帶來的夢幻童話效果太過強大，儘管沒人明文規定，但白色婚紗自此成了西方新嫁娘的制式配備。

實際上在這之前，歐洲的新娘並沒有非白色不穿的習俗，結婚禮服可以是各種顏色，甚至東方人眼中認為不吉利的黑色也是常見選項。而在維多利亞女王之後，挑選一襲適合自己的白紗，已成為所有準新娘心中最重大的課題。

至於在地球的另一邊則是另一種情景。未婚夫保羅在聽我解釋完我擬定的台灣婚宴流程後，立刻提出了第一個問題：「為什麼妳需要換這麼多次禮服？新娘不就是要穿白紗嗎？」

「因為……」我一時語塞，「大家都這樣做啊！」

在婚紗照之外，婚紗本身更是東西方婚禮的一大差異。在台灣辦過婚宴的新人都知道，若是選擇一般婚紗公司的包套方案，其中便包含數套供拍照和宴客時租借的禮服，若是訂結分開宴客，還會再外加兩三套訂婚禮服。整場婚禮從頭到尾辦下來，新人就如芭比娃娃般穿穿脫脫，一次又一次裝扮成生平中從未展現的面貌，好讓賓客盡情品頭論足一番。

於是，台灣新娘光是白紗就可以擁有不只一套的選擇，更不用提其他五顏六色的晚禮服了，還可以配合進場或敬酒不同需求，選擇蓬裙或是貼身款式等等。然而，歐美新娘卻為了尋找那命中註定的一件四處奔波試穿，幾乎比找到那攜手步入禮堂的另一半還要費神費時。

歐美並不流行出租婚紗，準新娘除非願意承繼母親傳下來的古董婚紗，否則多半要花上大筆金額購買這套一生只穿一次的白紗。尤其在歐洲，由於人工昂貴，即使選擇了現有婚紗，所需支付的修改費也不可小覷，因此現代新娘往往傾向直接訂做屬於自己的全新婚紗。我稍微計算了一下，若是在知名婚紗旗艦店訂做婚紗，這一套訂製禮服的價格，極有可能比台灣婚紗工作室整組包套的總價都來得高昂。正因如此，為了讓這套白紗發揮最大的經濟價值，在西式婚禮中，新娘從婚禮儀式到晚宴，直到餐後的慶祝派對，都是全程穿著這同一套得來不易的曳地白紗。

我還記得參加保羅友人的婚禮時，新娘的露肩平口白紗進場時顯得優雅動人，但當派對進行到大家隨著ＤＪ舞曲開始勁歌熱舞時，新娘不得不經常拉扯著此時顯得格外累贅的多層次皺摺裙襬，一邊擔心著露肩的上半身會因動作太大而走光。

「她為何不去換件適合跳舞的禮服呢？」我偷偷問保羅。

「新娘就是要從頭到尾穿著那套白紗。這看起來很有趣啊。」也許是我多心，保羅的語調聽起來簡直有種幸災樂禍的意味。

由於我們決定分別在台灣和德國舉辦婚宴，因此除了在市政廳公證時只需穿著簡單的白色小洋裝外，另外兩場儀式則讓我不得不重複兩回挑選婚紗的過程。然而因兩地觀念天差地遠，這兩次的婚紗尋訪之旅，讓我簡直以為是進行不同的兩件事。

第一項最大的不同，竟然是在準新娘對自己身材的自信心上。由於我個人偏好可以展現女性曲線的魚尾款禮服，因此試穿時總會要求這款。豈料，在台灣某手工婚紗工作室試衣時，服務小姐直截了當地對我說：「不好意思，魚尾禮服的版型偏窄，妳的身材可能不太適合穿喔。要不要挑選桃心領蓬裙的款式，這種最能修飾不夠理想的體型呢！」

我一邊聽小姐說明，一邊在心裡悲泣：我自知不是模特兒身材，但沒想到連試穿窄版禮服的機會都硬生生被剝奪。而在接連試穿幾家公司的禮服後，幾乎每一件我都有拉不上身的困擾，這於是讓我認清了擺在眼前的殘酷事實：台灣女孩全都瘦到不可思議的誇張程度，而我在台灣人的標準中就是個胖子身材。

「都是這樣的啦！」身材苗條的友人小婷說道：「我的BMI值等於十九，算很標準的身材了。但我也是拉鏈都拉不起來，真好奇這些禮服原先都是什麼樣的女生穿的啊！」

原本我對自己身材的自信已經降到最低點，然而就在隔年，當我來到德國婚紗店，準備進行同樣挑戰身材自信的試穿過程時，卻接收到完全相反的待遇。

「不好意思，我們店裡的樣品禮服對妳來說都太大了。」金髮的德國服務員以略帶羨慕的語調對我說：「妳身材這麼纖細，應該要穿魚尾禮服才能好好展現妳的優美曲線，穿那種遮住身材的蓬裙款式太可惜了啊！」

正當我開始感到飄飄然，覺得世界的價值觀終於恢復正常時，對方接著開口：「這一件很便宜喔！外加頭紗和襯裙的話，全部訂做下來只要一千八百歐元呢。還是妳想要另一件有蕾絲長拖尾的？那件的話全部費用是兩千五百歐元。」

兩千五百歐以當時的匯率換算下來，大約將近台幣十萬元，在台灣足足可以支付數套禮服租金加攝影費用了。看來，沒有什麼是正常的價值觀呢。

由於深受台灣「新娘必須一直換裝」的根深柢固觀念影響，我一開始著實難以理解，國外為何幾乎看不到類似台灣的包套出租婚紗，非得讓新娘為了這一件命定白紗捏緊荷包、猶豫再三。

當我提出這樣的問題後，我的德國女友卡拉卻睜大眼睛，理所當然地回覆：「白紗當然要買全新的啊！在婚禮上用別人穿戴過的東西不是好兆頭吧。」畫著深色眼線、造型前衛的卡拉竟然說出意外保守的觀點，讓我著實吃了一驚。卡拉接著補充：「雖然現在也有新娘會在拍賣網站上購買便宜的二手禮服，但如果是我的話，絕對不會那麼做。妳怎麼知道原來的物主是不是因為離婚或是婚姻不幸福，才會想把這麼珍貴的紀念品賣掉？這可能會帶來厄運呢……」

「訂做禮服是有用意的，和出租的意義完全不同。」另一位友人茱利安娜的看法則較為理性：「這是專屬於妳的婚紗，就算修改的技術再好，照妳身材尺寸訂做的，剪裁的流暢度就是會不一樣，我覺得這是對終身大事的重視。另外，我並不想在儀式後換穿其他顏色的禮服，這一天只有新娘擁有穿白紗的權利，怎麼能夠不好好把握？」

我一方面被德國友人說服，另一方面也因為德國出租禮服的選項實在少之又少，於是同樣踏上無數歐美新娘都曾走過的婚紗尋訪之路。當然一度也考慮過許多主打便宜婚紗的網路商品，但在我發現大部分標榜名牌婚紗的網頁都是仿冒品後，由於對版權正品有小小堅持的緣故，也放棄了這個選項。我於是預約了一間又一間婚紗工作室，試穿了一件又一件款式各異的禮服，只為了找到經濟上既合預算、情感上又能打從心裡認定屬於自己的那件白紗。

歷經千辛萬苦後，我的台灣訂婚宴和柏林婚禮終於分別順利舉行。在台灣的訂婚宴上，除了沒擺出婚紗相本和新人放大照之外，著裝部分倒和其他台灣新娘相同，請了新秘、向婚紗公司租了兩套符合「喜氣」概念的訂婚禮服，並在宴席吃到一半時便留下滿室賓客獨自離開，準備進行迎接眾人掌聲的換裝秀。

而我在德國的婚禮則和其他德國新娘一樣，穿上我在特賣會上用理想價格買到的閃亮魚尾白紗、披著綴有水鑽的長頭紗，踏上新郎等待已久的紅毯一方。由於無需離席換裝，我可以全程在宴席上慢條斯理地享用美食，一邊和難得相聚一堂的眾親友寒暄問候。在宴客後的舞會上，也只需將長頭紗卸下，一手拎起禮服的蕾絲裙襬，另一手便挽著這位剛成為自己丈夫的男人翩然起舞。到了派對尾聲，我索性將礙事的高跟鞋踢到一旁，讓僅穿著絲襪的雙腳在舞池裡滑動得更為輕盈。

我只能說，兩場婚宴、兩次婚紗尋覓之旅，最後都讓我踏實地接收到眾人簇擁的誠心祝福。也唯有在此時才能深深同意，婚紗的華麗度和幸福的感受度，從來就不是成正比的關係。

婚禮習俗比一比

德國也是有一些有趣的習俗，像是在婚禮前夕會有個小派對，大家一起把碗盤拿出來砸得粉碎，據說這會帶來好運。

用過晚餐後，我把事先打好的訂婚流程表攤開來，準備逐項一一說明。和我坐在一起的是未婚夫保羅和準公婆。

「首先要說明的是，台灣的喜宴會收紅包，所以在接待桌上會有工作人員負責點收紅包和登記金額……」

「等一下，妳是說，當著送紅包的人面前打開？」保羅插話。

「是啊，現場點清登記，免得有金額弄錯了。因為這關係到將來親朋好友結婚時，我們也要回包同等或更多的金額，所以一定要記清楚呢。」我一邊回答，一邊已感受到四周的困惑氛圍。

「天啊，這樣賓客不會覺得很尷尬嗎？」保羅驚嘆道，其他家人也紛紛點頭附議，「雖然現在也有很多德國人送現金當賀禮，可是我們都是偷偷夾在祝賀卡片裡，金額多少，新人自己知道就好，不是嗎？」

「欸，其實我們還有一個更現實的理由啦，」我說，「因為大多數喜宴的費用，都是靠這些紅包錢支付的，現場點清才知道有多少錢可以拿來付款……」

「這倒是不錯的方法，」又是一陣驚嘆，「不像在我們的文化裡，新人得自己支付所有費用呢。」保羅轉頭向他爸媽打趣道：「不如我們在德國辦婚禮時，就說我們遵照台灣習俗吧！」

紅包是華人文化的一大特色，雖說受邀賓客可能會有收到「紅色炸彈」的壓力，但對新人來說，卻是減輕喜宴花費負擔的好事。另一方面，西方婚禮因為全由新人或其家庭負擔，花費往往十分驚人，因此儘管沒有如此公開的「收錢」慣例，但許多受邀親友也會抱著替新人分擔費用的想法，在卡片中夾帶現鈔或購物禮券。

我們隔年在德國的婚禮並沒有列禮物清單，因此許多賓客也就選擇用現金當做賀禮，而我也見識了各式各樣的呈現方式：有將鈔票折成小花的、有交疊放在相框裡的、有隨著立體卡片一同展開的、有做成一捆捆瓶中信的……這些也可算是另類的紅包形式吧！

我好不容易把大家的注意力拉回流程表上。「好了，我們還是進入正式的訂婚儀式流程吧。之前保羅和我已經討論過了，因為我們想要盡量從簡，加上你們是從德國飛來，我們就省下大部分的傳統訂婚儀式，只採取象徵性的簡化版，所以流程……」

「等一下，」這回換保羅的母親插話，「那完整的傳統訂婚儀式是什麼樣子？」

「呃，這說來話長……」我硬著頭皮，努力解釋了關於男方迎娶、放鞭炮、潑水、大小聘、掛戒指、奉茶、祭祖、女方回禮等等全套的傳統習俗。

大家聽得目瞪口呆。

「妳知道，德國也是有一些有趣的習俗，只是我們基於現實考量也決定省略了，」保羅母親接口說道：「像是Polterabend，在婚禮前夕會有個小派對，大家一起把碗盤拿出來砸得粉碎，據說這會帶來好運。不過，我們都同意這實在是太浪費的做法了。」

這回換我目瞪口呆了。該說這是另一種形式的「碎碎平安」嗎？

「另外，還有一種叫綁架新娘的習俗。通常是伴郎和男方好友會在婚禮前把新娘『綁架』到某家酒館，新郎要自己想辦法找到地點。找到後，新郎得支付這段時間大家所消費的全部酒錢。」

「這太好玩了！」我興奮地叫起來，一時忘記準公婆也在場，「到時會有人來綁架我嗎？」

「恐怕沒有，」保羅冷靜地說，「因為這習俗太容易引起爭執了，所以現在幾乎沒人在玩啦。」

真是太可惜了，我只能默默在心裡發出嘆息。

「剛才有個字我聽不懂，Pinjin？」輪到保羅父親發言了：「那是什麼東西？」

「呃，聘金嘛……」我方才刻意用中文混過去的詞彙顯然沒用，只好照實說明，這是和嫁妝相對的概念，新郎家人會拿出一筆為數不少的金額當聘金，送給新娘的家人。

話還沒說完，我看到保羅全家臉上露出明顯的驚嚇神情，趕忙強調我們不打算有任何聘金和嫁妝。保羅勉強擠出一句話：「這習俗聽起來不會像是在賣女兒嗎？」

早知道剛才就連提都不該提到這個字詞的，我心想，一邊繼續說明因從前觀念是女兒嫁人後就是婆家的人，因此這是對娘家多年來養育之恩的感謝，另外許多新娘家的做法是用聘金來購置嫁妝，因此這筆錢也是小兩口將來會使用到的。

「嫁妝的概念我們倒是有。像在美國的話，是新娘家要負責婚禮費用，這也算嫁妝的一部分。其實，德國從前的婚禮傳統也是女方要付費呢……」大概我臉上也同樣露出了驚嚇神情，保羅也趕忙說明：「當然，現代人都是各付一半，或者是經濟能力高的一方負責。畢竟現在男女平等嘛。」

在許多學科上，嫁妝都是個有趣的議題。嫁妝儼然是東西文化共有的現象，但西方國家卻普遍沒有聘金概念。有說法是，從前由於男人才有工作賺錢的能力，結婚意味著要負擔起妻子下半輩子的生活支出，女方家族所準備的嫁妝，也具有彌補男方開銷、並在某種程度上保障出嫁女兒擁有一定生活水準的意味，因此相對意義的聘金並不存在於歐洲文化裡。另一方面，有研究認為在容許一夫多妻制的文化中，由於娶妻顯得相對困難，因此容易出現炫耀、競爭意義的聘金；同時，由於從前嫁出去的女兒鮮少能夠回娘家，因此聘金的存在，也是對家庭中失去勞動力與至親的彌補。

光就歐洲歷史而言，大部分的歐洲文化都有嫁妝的傳統，嫁妝的豐厚程度更直接影響到是否能吸引到有頭有臉的夫婿。例如，在義大利文藝復興時代，羅密歐與茱麗葉式的自由戀愛並不存在，一門婚事往往就靠女方家庭所開出的嫁妝條件，最多加上根據女方容貌所繪製的畫像（稱為陪嫁肖像）而決定。大名鼎鼎的梅迪奇家族也正是憑藉其雄厚的嫁妝實力，讓平民血統的凱薩琳．梅迪奇當上法國女王。只可惜，儘管出身家財萬貫的家族，凱薩琳卻曾被梵蒂岡代表形容為「瘦小、不具精緻五官」的外表，她的國王夫婿亨利二世顯然也只基於政經利益而同意這樁婚事，婚後，他對情婦的愛遠勝過正宮，這是眾所皆知的事。

「那麼，既然我們都同意省去聘金、嫁妝這部分，就可以來討論下面的流程了。傳統習俗中，我們決定只保留象徵性的奉茶就好，接下來請雙方主婚人向賓客簡短致詞，就可以開席了……」

「等一下，所以總共邀請了幾桌客人？」保羅問道。

「噢，如果到時沒意外的話，總共會是十八桌。」我說。

準新郎立即大驚失色：「十八桌！那不就是一百八十人！妳有這麼多朋友啊？」

保羅的爸媽也同樣睜大眼睛看著我。

「哎喲，台灣的喜宴不是只有新人的事而已，連家長的同事、朋友也都會受邀，所以十八桌在一般婚宴中其實不算多呢。」

「那我需要叫出所有人的名字嗎？」保羅臉上的驚慌感越來越明顯。

我忍不住噗哧一笑：「不用啦！在婚宴上會出現一堆不認識的人，這很正常。我們只要到時一一去跟大家敬酒就好。」

「跟每個人乾杯！這聽起來比記住每個人的名字還難啊！」在保羅的想像中，顯然是理解成用德國啤酒杯的尺寸和賓客乾杯的景象了。

也難怪保羅一家會如此詫異，因為在德國的婚禮上，只有新人的親朋好友會受到邀請，數十人至一百人之間的婚宴就算是大型規模了。不同於台灣傳統中雙方家長才是「主婚人」的觀念，至少在德國，新人才是貨真價實的主角，除非新人特意要求，否則家長介入婚禮籌備的狀況相當少見，更遑論邀請新人不認識的長輩的同事了。

「好，大概的流程就像這樣，沒有問題的話大家就早點回去睡吧。」經過無數次打岔之後，總算把訂婚儀式的流程表報告完畢，我簡直有股喜極而泣的衝動。

「等一下，」保羅的父親再度開口，「就這樣嗎？大家吃完飯之後呢？」

「之後？就像我剛剛說的，新人會在出口送客，會提著喜糖和賓客一一合照等等。」

「咦，所以就只是吃飯？不會有後續的派對舞會什麼的嗎？」保羅母親也發出疑問。

「沒有啊，吃飯本身就是重點。尤其喜宴上會有很多長輩出席，喜宴通常到晚上九點多，這對他們來說已經很晚了……」我一邊說，一邊意識到這又是另一個完全不同的婚禮概念。

我想起先前在德國友人的婚宴上，大家早已用完餐點，卻都繼續留在座位上或是四處走動閒聊。我原本還狐疑著大家為何如此戀戀不捨，悄悄問當時還是男友身分的保羅，可以回家了嗎？保羅卻直接拒絕，理由是新人一定用心準備了很多活動，不留下參加未免太不禮貌了。

雖然各國習俗不同，但婚宴之後接著舞會的做法可說是相當常見。以德國來說，由新人開舞的第一支華爾茲，意義上便是宣告舞會的正式開始，喜宴只不過是慶祝婚禮的其中一部分而已。也難怪，聽到台灣喜宴結束後便可大方走人，保羅家人的臉上再一次露出詫異神情，不過這回，似乎夾帶了鬆一口氣的意味。

「我知道了，到時在德國辦的婚禮，宴客完之後我們就會接著開慶祝派對吧。」我說，「但我們不至於要狂歡到半夜吧？當天一定會很累，想早點休息的……」

「豈止半夜，不到凌晨兩三點不會結束的，」保羅在旁立刻接口，「妳要有心理準備，我們要待到最後一個客人盡興離去為止！老實說，像你們這樣的喜宴方式，真是輕鬆多了啊。」

實際上，每個文化都有自身的婚禮慣例，當台灣人對於聘金吉日桌次禮金多寡等等傷神時，某些國家的準新人可能也正費心規劃通宵的婚禮慶祝派對，為了節目內容、ＤＪ或現場樂團、酒水與宵夜安排等等煞費苦心。甚至，近年來美國某些城市相當流行主題式婚禮，宮廷風、鄉村風、海洋風、復古風、牛仔風等等花招百出，新人光是決定走哪種路線可能便耗費許多精力溝通，更別提之後各項搭配主題的細節籌備了。

或許受美式婚禮的流行影響，我在德國聯絡第一家婚禮出租場地時，服務小姐第一句話便問道：「妳的婚禮想要怎樣的主題呢？」

「主題？要有什麼主題？……我不能辦個正常的婚禮就好嗎？」我支支吾吾地回答。

相形之下，台灣婚禮雖然在親家之間的溝通顯得麻煩許多，但招待賓客時只需一場喜宴便可解決，似乎也是另一種省事。

所幸，最後無論是台灣的訂婚宴或是德國的婚禮，我們都沒有安排任何新穎的主題招數，但現場的溫馨氣氛卻總是自然成形。保羅的父母特地飛來台灣參加訂婚宴，出於好奇，他們跟著我參與了許多籌備過程：租借禮服、挑選喜餅，當然最後還參與了盛宴，種種的文化差異讓他們驚奇不已。

「我比較喜歡台灣的婚宴！這對我們來說是另一個世界啊！」保羅的母親事後笑著回憶。

德國家庭遊台灣

以做事規矩著稱的德國家庭，第一個面對的文化驚嚇就是台灣都市的交通。車子還沒開出台北市，容易受驚的蜜莉便沿路不斷驚叫。

手機傳來叮咚一聲，原來是婆婆蜜莉傳來的訊息：

「我想問一下，台灣的婚宴需要穿很正式嗎？」

「我該帶些什麼衣服？聽說台灣很溫暖，意思是冬天的大衣也不用帶嗎？」

「那個叫日月潭的地方看起來好漂亮！你們會常去那裡度假嗎？」

「聽說台灣的山上看得到猴子！真的嗎？德國沒有猴子耶，我們真的在野外就能看到嗎？」

蜜莉連發了幾個問題，雖然猴子的問題讓我傻眼了一陣，我當然還是認真地一一回覆：「台灣的猴子很常見啊，但我也不能保證能不能看到就是了。」

才傳完訊息，電子郵件又顯示了新信件的通知，這回寄件人是保羅的貝亞阿姨。

「哈囉我想問妳，我在旅遊書上看到，台灣的自來水不能生飲？那要怎麼喝水呢？」

「書上還寫著，在台灣，廁所用過的衛生紙不會丟在馬桶裡，而是丟垃圾桶。不會吧！這樣廁所不是很臭嗎……」

好不容易回完所有的問題，我和未婚夫保羅在視訊通話時順口提到這件事，沒想到卻引來更多問題：

「對了我正好也有問題要問妳！聽說去台灣人家裡做客，不把食物吃完才是禮貌？」保羅說道，「還有，臭豆腐真的很可怕嗎？妳不會要帶我們去吃那個吧？」

為了參加保羅和我的訂婚式，保羅的家人搭上飛機，開始了生平第一次的台灣之行。在決定日期的當下我便意識到，這絕不是趟單純的拜訪親家之行而已。

德國家人遠道而來，我當然也義不容辭地安排觀光計劃，太魯閣、日月潭、阿里山這類外國觀光客經常造訪的景點全都一網打盡。在熱鬧的婚宴結束之後，我立刻搖身變成這個迷你觀光旅遊團的導遊，同時也成了引介台灣文化的親善大使。在熱烈介紹各項景點小吃和風俗民情之外，還要隨時面對每位團員意想不到的提問，並且不斷試圖為我原先習以為常的現象加以合理解釋。

「啊啊啊啊！」

蜜莉在汽車後座上忽然大叫一聲，開車的保羅嚇得立即緊急剎車，車上所有人也跟著尖叫起來。「剛才有摩托車差點從旁邊撞上來啦！幾乎就在我的臉旁邊而已！」蜜莉驚魂未定地解釋。

「沒事的，他沒有要撞上來，」我尷尬地回答，「他只是要從車縫間鑽過去，所以才會貼得近一點，摩托車騎士常會這樣。」

「台北的摩托車未免多到嚇人，而且怎麼都這麼兇啊……」心有餘悸的蜜莉繼續碎念起來，我也只得假裝沒聽見。

顯然，以做事規矩著稱的德國家庭，第一個面對的文化驚嚇就是台灣都市的交通。我們出發前往中部山區的第一天，車子還沒開出台北市，容易受驚的蜜莉便沿路不斷驚叫。

「小心啊！」蜜莉又是一聲大喊，原來又一輛機車忽然從後方冒出，呼嘯著從兩台轎車間鑽了過去。

「妳別一直大呼小叫，我還沒被那些機車嚇到，就先被妳嚇死了啦。」保羅先安撫蜜莉後，接著忍不住問我：「說真的，台灣的機車和汽車都開在同樣的車道，機車又都這樣兇猛地鑽來鑽去，開起車來真的覺得壓力很大啊！為何機車不是騎在旁邊的專用道呢？」

「呃，有些地方是有機車專用道，但大部分的路段都只有分慢車道和快車道，」我試圖解釋，「如果沒有特別標示禁行機車的話，機車通常就會騎在任何一條車道上。」

「好吧，我沒想到在台灣開車這麼艱難。」保羅說，「那我再問妳，在台灣不用照速限行車嗎？」

「當然要啊！你看旁邊的速限標誌不就寫著大大的四十？」我說。

「那為何我明明開在時速四十，後面的車卻一輛接一輛超我的車，而且速度比我快這麼多？」

「欸，因為這裡沒有測速照相啊。」我從後視鏡裡看到蜜莉露出一副「妳在開玩笑嗎」的神情，只得紅著臉說：「我承認，台灣人開車確實不像德國人那麼守規矩啦。」

所幸，城市交通所帶來的驚嚇，不久就在東海岸壯麗景色的撫慰下平息了。尤其當我們的車子行駛在蜿蜒峭壁上的蘇花公路時，波光粼粼的湛藍太平洋一望無際，全車的人都屏息欣賞眼前的美景，沿路上只聽到愛好攝影的德國公公不斷按下快門的聲音。

「你開慢點啊，這條路是有名的曲折路段，又是這些大砂石車的必經路線，一不小心就會造成事故啊。」見保羅開心地在公路上馳騁，我不禁擔心地提出警告。

「這還好啦，就像開業餘賽車一樣，這比台北市的交通容易多啦。」不愧是來自高速公路上動輒開到兩百公里的國家，保羅這回是一副優哉游哉的模樣。

我們在太魯閣停留了兩晚，沿著陡峭峽谷邊的步道前進，欣賞河水鑿出的大理石岩壁雕刻。婆家一行人流連再三，久久不忍離去。

「我想問，這裡的樹一直都這麼綠嗎？」德國公公忽然發問。

「呃？」我一時還沒反應過來，但我旋即想起現在正是聖誕佳節將近的時刻，於是笑著回答：「是呀，台灣氣候就是這麼溫暖潮濕，除非是某些有楓樹的山區，才會在入秋時節看到樹葉轉紅，其餘地區就算在隆冬十二月，樹木也都一直維持茂盛的綠葉呢。」

「真好，現在柏林早已降到零度以下啦。」

看到大家臉上露出明顯欣羨的神情，瞬間勾起了我在冰封的柏林街頭凍得腳板直打顫的回憶：早已光禿的成排路樹淒涼地站在街頭，秋日落盡的乾黃落葉也無言地凝結在人行道邊的積雪裡。

「妳幫我們安排的天氣真是太完美啦，真沒想到十二月底竟然連外套都不用穿呢。」公公微笑著對我眨眨眼。

忽然，走在前方的貝亞阿姨率先叫了起來：

「猴子!!」

順著貝亞手指的方向，果然看到兩隻小猴子從容坐在公路的護欄上，彷彿早已見慣遊客似地，四隻眼睛朝我們骨溜溜地轉。所有人全都興奮地擠了過來，舉起相機替連續擺好幾種逗趣姿勢的猴子拍起寫真集。

「真的是猴子耶！天啊牠們都不怕人，好可愛喔！」

「太好了！」身為在地導遊，我幾乎是欣慰地說，「大家總算可以了卻一樁心願了。這下你們相信台灣真的能看到野生猴子了吧！」

台灣真的是很美麗的地方呢。

「其實在台灣生活也不錯嘛。」

旅行的半路上，我們在附有露天雅座的咖啡店稍事歇息。保羅一邊觀察著屋外的建築結構，一邊忽然冒出這句話。

「真的嗎？」我又驚又喜地說，莫非未婚夫終於改變心意，決定未來在台灣定居了？「怎麼會忽然這麼說？」

「因為妳看，」保羅指向捲曲在屋頂角落的纜線，「在這裡，房屋管線都可以這樣隨便露在外面，都沒人會管耶。這樣不需要請專業工人，我自己也有可能ＤＩＹ蓋房子了。」

「你說什麼？」我差點把口裡的茶噴出，「你這是稱讚嗎？我實在聽不出你到底是在褒還是在貶啊。」

確實，真的要比的話，德國的建築法規較為嚴格，房屋的管線外露可是會吃上罰單的。也難怪，儘管我熱愛台灣的土地，但不得不承認在市容整體方面，德國城市看來幾乎總是乾淨美觀許多，對於建築物外觀的注重與否顯然是其中主因。

「欸，台灣人講求實用，或許有時不那麼注重美感啦。」我乾咳一聲，「就像你們已經注意到的，許多住家都偏愛在天花板中央裝上可以清楚照亮室內的日光燈，而不是像德國家庭大多使用講求氣氛的投射燈泡一樣。我們通常不太在意建築外觀如何，只要內部適合居住就好囉。」

「不光是實用或美感的問題吧，」保羅說，「感覺上台灣人似乎生活得很隨興，我們去墾丁的路上不是還看到核電廠嗎？但是大家對於觀光勝地附近建造核電廠這件事，好像完全不在意，而且還相安無事沒有任何抗爭哪。這在德國是絕不可能發生的，一開始就會被居民抗議推翻。所以我才說，在台灣生活好像很容易，大家全都與世無爭似的。」

「我們當然也會有抗議啦，」我也不知該如何回應這個問題，「只是人民的力量往往不夠，加上時間久了沒出什麼事，大家也就淡忘了。人畢竟是健忘的嘛……」

德國家人在台灣兩個禮拜的時間，在我和娘家家人的大力引薦下，吃了各式美食，看了各地風光。旅途間也幾次碰到對這群德國家庭感到好奇的台灣鄉親，大方地直接上前打招呼：

「嗨！你們是從哪裡來的啊？」

中南部的熱情似乎感染了人際關係相對拘謹的德國家人，在經歷不少文化衝擊之後，大家也深深感受到這個小島的特殊魅力。

「謝謝你們！這真的是趟很棒、很特別的旅行啊。」貝亞阿姨臨別時盛讚我們的旅遊安排，真摯的語調中聽不出客套的成分。而蜜莉更是熱烈地擁抱我的娘家媽媽：「謝謝妳！認識妳真好！」

而我也隨著德國家人一同揮別我所生長的家園，準備到異鄉展開另一段新生活。就像德國首都柏林曾被形容為「貧窮但性感」的城市，在我心目中，我也將一直懷念著這個「隨意但歡樂」的小島。

準婆婆來幫婚禮做手工

在這裡租婚宴場地的含意，真的就是字面上的「場地」兩字而已。任何超過空間本身的物品或服務，全都是另外計算，沒有什麼是理所當然應該免費附贈的。

「欸，有點狀況，」在柏林的婚禮當天早上，新郎官保羅便接到母親打來的電話：「我們得先繞去花店買布置婚宴餐桌用的花。我媽媽沒有買到她預計搭配婚禮色系的藍紫色鮮花。」

還在睡夢中的我頓時睜開眼睛：「那麼大量的特殊花種要事先訂吧！我們得動作快了，可能要跑好幾間花店才能買到呢！」

我一邊盥洗，一邊試圖從前一晚單身派對的狂歡餘韻中清醒過來，忍不住還是在心裡默默發牢騷：「還是台灣好，婚宴場地哪需要自己動手布置啊……」

在辦完台灣熱鬧溫馨的訂婚宴之後，我收拾行囊，揮別心愛的台灣家人，和未婚夫飛往柏林定居，準備展開全新的生活。而抵達的隔天，時差都還沒來得及調整，行程上的第一件事就是去看六個月後的婚禮場地。

「兩位請看，這就是我們的宴會廳，最多能夠容納三百人噢。而且直接面對施普雷河，這樣的景觀在柏林可難得了，你們有興趣的話要盡快下訂，還有另一組客人也在考慮呢。」看來精明幹練的金髮接待小姐臉上堆滿笑容地說。

「所以這間一個晚上的租金多少？」保羅直接切入最實際的問題。

「嗯，這要看你們的選擇了，」接待小姐立刻擠出了更多笑容，「場地是按小時計算，如果希望我們提供餐具和餐桌布置的話，這部分是按桌數計算，所以總金額要看你們決定租多久、需要多少桌數而定。對了，餐飲部分你們可以選擇跟我們預訂，或是自行聯絡其他外燴服務都可以噢。」對方一邊說，一邊在紙上寫下了金額不小的試算數字。

我在旁聽得一愣一愣地，原來在這裡租婚宴場地的含意，真的就是字面上的「場地」兩字而已。任何超過空間本身的物品或服務，全都是另外計算，沒有什麼是理所當然應該免費附贈的。

保羅倒是毫不訝異：「布置這部分我們不需要。我媽媽已經興高采烈地提議要幫我們做餐桌布置了。」

我聽了又是大吃一驚，哪有叫未來婆婆來幫自己婚禮做手工的？

不過，顯然是由於我已習慣凡事不用勞駕客人動手的台灣服務業，才會對這一切大驚小怪。保羅一家早有心理準備，要全家動員幫忙婚禮大小事，畢竟這裡人力代價高昂，自己動手做才是最高原則。

我夢想中的歐洲婚禮，其實是在附有管風琴和大片彩繪鑲嵌玻璃的古老莊嚴大教堂裡，披著曳地的白紗走過鋪著紅毯的長走道，來到新郎等待的祭壇前；或者，是在面對寧靜湖泊的草地上，在白色玫瑰搭起的拱門之下接受祝福，之後賓客便在湖畔的出租別墅裡享用盛宴。

以上，都證明我太受外國電影影響了。

實際的狀況是，在眾多新人等待完成婚禮的柏林城市裡，理想的場地一年前早已都被訂走了。

我們由於對第一間河畔宴會廳的格局不甚滿意，稍微猶豫了一會，結果立刻證實接待小姐所言不假，場地不久就被其他人捷足先登了。之後我向不同場地發了許多封信件，回覆的答案不是早已訂滿，就是開出的條件高到我們難以接受。

「那教堂可以吧！柏林的教堂這麼多，總不會每間每週都要辦婚禮吧！」眼看婚禮場地仍無著落，我幾乎準備要亂鎗打鳥，一開始在腦中構想好的電影場景已經拋在一旁了。

「教堂可沒那麼簡單。況且教堂裡只能辦儀式，晚宴派對場地還是要另外找啊。」實際的保羅立刻澆了我一頭冷水，「就算儀式在教堂辦好了，妳看網站這裡清楚寫了租借教堂的價格，如果不是該教堂會友的話，還要另外付聘請證婚牧師的費用呢。我看，我們還是找可以舉行儀式，又能辦晚宴的大型場地吧。」

所幸，在眼花撩亂的網路搜尋後，我們總算找到了心目中完美的替代空間：柏林藝術家聯盟展覽館。在婚禮當天，儘管事出突然，我們總算也在花店裡買到適合的布置花材，整個婚宴場地頓時增添不少質感。這時也不禁感謝起平時就擅長自行打理居家布置的德國家人。

在藝術館綠蔭盎然的庭園裡，從柏林國際教會請來的牧師為站在紅毯上的新人證婚，柏林八月舒爽宜人的夏季氣候，讓戶外儀式成了最完美的祝福。而室內展覽館則作為宴席大廳，牆上正展出的前衛畫作成了婚禮場地的最佳布置。餐後，賓客可以在權充舞池的側廳裡，隨著ＤＪ播放的音樂扭腰擺臀；或是在附有開放式酒吧的交誼廳裡一邊小酌，一邊和從世界各地前來的各路親友話家常。這一切看在新人的眼裡，真是令人再欣慰不過了。

身為半年前才剛經歷過台灣訂婚宴的新娘，對我而言，柏林婚禮和台灣喜宴最大的差異不是別的，正是在於「新娘能不能好好吃飯」這件民生大事上。

在台灣，喜宴上的新娘根本無法享用自己精心挑選的盛宴，這是大家都心知肚明的。光是換裝、兩次進場、致詞、逐桌敬酒和送客等等基本流程，就讓新人疲於奔命，真正坐在主桌的時刻屈指可數，甚至不可能吃完一整道完整的餐點。

如果連吃飯都不能順利進行，那麼和自己的好友促膝長談、聊聊剛成為人妻的感想，這種事在婚禮上根本是癡人說夢。要和姐妹私密聚會，還是另外自行擇日邀約吧。

不過，我在柏林的婚禮上，這些卻都做到了。

由於無需奔波換裝，即使身為新娘，我也能夠好整以暇地享用餐點，而不是像活動裝飾品一樣讓大家觀賞。長達整夜的慶祝活動，也讓我有充裕的時間和遠道而來的眾親友一一寒暄敘舊。相對地，我在台灣婚宴時，賓客對我來說幾乎只是「陪吃飯」的作用；好友遠道而來，卻只能把握敬酒的時間簡單問候幾句，或是才匆匆說聲「恭喜」，就得趕緊讓位給下一組客人拍照。我不得不說，西式的婚宴模式，對於新人本身而言還是較為人性化的。

雖說，狂歡到凌晨真的有點折磨人就是了。直到最後的客人離去時，我和保羅已經癱坐在展覽館的沙發上，費了好大的勁才將自己移動起來。

「你嫁給德國人已經不錯了！希臘的婚禮可是會一直狂歡到隔天早餐時間呢！」嫁給希臘夫婿的好友如是說。

我很慶幸自己能有機會體驗兩種完全不同的婚宴模式。而整場婚禮最讓我感到幸福的光景，還是當牧師宣告「你們現在是丈夫與妻子了」之後，眾人響起熱烈掌聲，並且上前輪流和新人擁抱祝福的時刻。我想，婚禮始終有種奇妙的力量，無論是來自東方文化或西方文化、無論是憧憬婚禮或是對結婚這件事嗤之以鼻，一旦真的站在婚禮上，世人總是不自覺地被現場氣氛感動起來，並為新人獻上由衷的祝福。

然而，婚禮過後，真正的考驗才要開始。

對婆婆直呼其名

保羅每回打電話給母親大人時，總是直接喊蜜莉，從來也沒聽過他叫一聲「媽媽」。華人家族每回逢年過節必須逐一喊出的複雜稱謂，在這裡是不存在的。

「妳不喜歡我嗎？」保羅的媽媽蜜莉，也就是我的婆婆，在全家人一塊喝茶時忽然開口問我。

「什麼!?」我整個愣住，心想是不是哪次我不小心擺臭臉，還是說錯什麼話造成誤會了。雖然說德國人向來說話直接，但這麼挑明的正面衝突我還是第一次碰到，而且竟然是出於我一向注重要禮貌對待的婆婆。

「我當然喜歡妳啊！」我急急辯解，「為什麼會這樣問？」

蜜莉大笑起來：「跟妳開玩笑的啦！是因為妳每次跟我說話的時候，都用『您』

（Sie）稱呼。妳知道在德文裡，只有陌生人或是妳要保持距離的人，才會用這樣的敬語說話。所以我才故意這樣問妳啊！」

「原來是這樣！」我鬆了一口氣，剛才還以為傳說中的婆媳衝突要開始了，「我一直以為直呼『你』（du）是不禮貌的做法呢。」

「亞洲人很重視輩分啦，」保羅在旁見狀，趕忙替我向德國爸媽解釋幾句，「他們覺得對長輩不應該用像平輩的口吻說話。你們知道嗎，她剛開始連你們的名字都叫不出口呢！」

我剛展開留學生涯時，便已發現「稱呼」是需要適應的事。從前在台灣唸書時，稱呼師長為「某老師」、「某主任」非常天經地義，雖然有些作風開放的學校，老師和學生之間可以直呼名字，但至少在我成長的環境中，對師長使用敬語一向是不變的原則。

於是一開始，面對所上的荷蘭教授，我總是一律尊稱「某某教授」，壓根沒想過其他的稱呼方式。直到某日，我驚覺除了我以外，其他同學全都直呼教授的名字「Peter」，彷彿同學彼此之間的稱呼一樣。於是，我也入境隨俗地改變叫法，第一次喊出「Peter」免不了有些扭捏不安，甚至心虛地偷偷觀察教授的反應，直到發現教授照常回答，並無絲毫不快時，我才完全接受可以直呼老師名字的這件事實。

但家中長輩又是另一回事了。

「我要怎麼稱呼你家人呀？」我和保羅還在約會的階段時，第一次拜見對方家人，我多少有點忐忑，「叫媽媽未免太早了，叫柯太太會不會又太見外？」

「他們有名字啊！」保羅似乎覺得這個問題很好笑，「妳記得我媽媽的名字叫蜜莉吧，就直接叫蜜莉就好啦。」

「直接叫名字嗎？」雖然我已經習慣直呼自己的指導教授名字，但對於可能成為自己未來婆婆的人，總覺得不成體統，「她不會覺得我沒大沒小嗎？」

「拜託，」保羅回答，「連我都沒在叫爸爸或媽媽，都直接叫他們名字了，妳忽然叫起爸媽才怪吧。」

經保羅這麼一說，我才赫然想起保羅每回打電話給母親大人時，總是直接喊蜜莉，從來也沒聽過他叫一聲「媽媽」。雖說並不是所有歐洲家庭都像保羅家人一樣的稱呼方式，不過可以確定的是，華人家族每回逢年過節必須逐一喊出的複雜稱謂，在這裡是不存在的。

「難怪在西方語言裡，家人的稱謂那麼草率。原來你們根本不怎麼需要用到。」我忽然想到，「比方說在我們的文化，父親的哥哥或弟弟，還有母親的兄弟，全都有不同的稱呼，哪像你們全都用『uncle』一個字糊弄過去。」

「這樣說也對啦，」保羅搔搔頭說道，「不過我們只要解釋過一次彼此的關係就好，反正之後大家都叫名字啊。」

「這對我來說真是非常不習慣。別說是自己家人，就連隔壁鄰居，我也會稱呼『蔡媽媽』或『張伯伯』呢。」

「什麼？」這回換保羅不習慣了，「沒親戚關係的人，你們也用親人的稱謂？」

「就是這樣，你看我們多重視稱呼啊。」我說。

正因如此，不少既定印象認為歐美的家庭關係比較疏離，某種程度上或許的確可以這麼說。在一般狀況下，從十八歲開始，西方社會中的孩子就會離家自立，不再依靠父母的經濟支援，這和傳統的華人社會顯然是大相徑庭。以致，每回和外國朋友提到居住的話題時，我總要連帶解釋一番文化差異：

「對呀，我住在我媽媽家。」在國外友人準備擺出「原來妳是個媽寶」表情之前，我立刻補充說明，「你知道，在許多亞洲國家，成年後仍住在父母家是很正常的。還有不少青年在結婚後，會連媳婦也一起繼續住在父母家呢。」

「是喔，都有老婆了，跟爸媽住不是很不自在嗎？想幹嘛的時候怎麼辦呢？」友人顯然意有所指，賊笑著回答，「我最多隔一兩個禮拜探望父母一次，忙的時候固定打電話問候就好。每天朝夕相處的話，一定會吵架吧。」

「衝突是難免的啦，不少婆媳問題就是這樣產生的，」我試圖解釋，「不過很多人認為這樣可以就近照料雙親，有小孩的話也可以多幾個幫手。尤其在上一輩的觀念中，這非但不是不成熟，相反的是孝順父母的表現呢。」

真要說起來，保羅家的關係表面上看起來也是非常疏離：保羅父母住在離我們家火車車程五、六小時距離的南部城市，一整年下來也沒見面幾次，而保羅的弟弟住在美國，全家人團圓的機會更難得了。

「你們家人這樣聚少離多，爸媽不會覺得失落嗎？」我有次問保羅。

「他們也有自己的生活要過啊！如果我們這麼大了還要住家裡，他們也會覺得煩吧。」保羅半開玩笑半正經地回答，「而且不住一起以後，家人感情反而更好了。以前住家裡的時候，我和弟弟常會對媽媽的碎念不耐煩而爆氣，但像我弟現在兩三年才回德國一趟，妳該看看他和我媽見面的時候有多體貼！畢竟這麼久才相見，誰也不希望留下不愉快的印象啊。」

這也可以算是種距離的美感吧！

對我而言，我在新手異國婚姻的種種不適應中，最值得安慰的事之一就是幾乎沒有婆媳問題。

由於保羅十八歲起就離開家，最多過節或家族場合時才會回父母家待個一兩晚，因此和新進門的媳婦一起住這種事，保羅全家是連想都沒想過。而由於早已習慣尊重彼此的人生，因此生活中的各項決定，公婆也甚少插手過問。於是，雖然我常會羨慕在台灣的姐妹可以有婆家和娘家的支援，但偶爾當我聽見一些台灣準新娘煩惱著是否該答應和公婆同住，或是人妻抱怨著和婆婆間的相處問題時，頓時便覺得自己離鄉背井的心酸，似乎在「婆家」這一部分獲得了些許彌補。

「人要離開父母，與妻子連合。」舊約聖經裡清楚地這麼寫著，也難怪以基督教為主的西方國家，和深受儒家思想影響的文化相比，體現的是完全不同的家庭關係。

與其說「孝順」這個概念不存在於西方，不如說這裡是另一種形式的相處關係。我們所習慣的文化認為，聽從父母的話、並且讓年邁雙親天天含飴弄孫是種孝順，但在不同的文化裡，互相尊重彼此的生活空間，以平等的關係表達自己的想法，反而才是被強調的美德呢。

大家來上融合課！

這種融合班和私立語言學校完全不同。會來上課的同學，若不是因為工作或家庭而要在此生根，就是近年因政治因素而尋求庇護的難民身分。

德文老師卡琳娜問道：「你們覺得自己的丈夫或妻子，可以和別的異性一起跳舞嗎？假設就一支舞而已的話。」

英國同學立即回答：「當然可以，這沒什麼吧。」

波蘭同學接著說：「一支舞還可以啦。但如果一起跳個三次，那就是有問題了。」

敘利亞媽媽在一旁小聲地說：「我不能接受……」

來自伊拉克的已婚男士則是用拳頭在桌上敲了一下，斬釘截鐵地說：「當然不行！」

台灣同學，也就是我自己，則說：「沒問題呀，因為我也可以去和別的男人跳舞啊。」

話剛出口我就後悔了，因為我的小組討論正是跟敘利亞和伊拉克同學分在一組，難怪之後兩人似乎都有點和我保持距離……

在德國登記結婚以後，由於要申請長期居留簽證，於是我收到一張德國政府發給的融合課程（Integrationskurs）上課證。

所謂的融合班，也就是為了移民特別準備的語言課加上介紹德國文化的課程，目的是讓移民能較有系統地熟悉這塊土地的文化背景。

雖然說融合課基本上是移民的義務，也是權利，但其實到了申請長期簽證的時候，只需出示語言及融合考試通過的證書即可。因此我聽過不少已有德語基礎的移民為了節省時間，或是純粹對於必須「被融合」這個概念感到排斥，乾脆跳過融合課程不上，只在家裡翻翻考古題後，便去應考，取得簽證資格。

儘管知道有這樣的捷徑做法，但我還是選擇參加融合班。一來是我相當好奇「融合」這件事究竟會牽涉到怎樣的內容，二來是有政府補助的語言課程，不上豈不浪費？

於是就此展開了我數個月的融合課程生涯。

剛開始上課，我立刻發現這種融合班和之前上過的私立語言學校完全不同。會來上課的同學，若不是因為工作或家庭而要在此生根，就是近年因政治因素而尋求庇護的難民身分，和一般語言學校裡來來去去的年輕學子有很大的不同。

我也很快意識到，和認識德國文化的主要目的相比，我對於融合班上來自不同國家背景的同學反而更感興趣。在大量接收難民的德國首都柏林，我才有機會接觸如此多元的民族集錦，這是我居住在台灣小島上時，未曾想像過的移民世界。

在我的同學中，並不是每個人都對移民生活充滿願景，尤其是因為自己國家的情勢動盪，被迫離鄉背井時，儘管德國政府提供了暫時供安頓的居所，但語言障礙、陌生環境加上鄉愁，新天地的幸福對某些人而言似乎仍遙遙無期。

班上的伊拉克同學瑞薩已經是三個小孩的爸爸。在被問及是否喜歡德國生活時，他開誠布公地向大家說明：「唉，該怎麼說呢？我從前在家鄉的工作比現在好得多。我自己開承包公司，手下還有不少員工。但到了德國，只能重新從基層工程師幹起。我太太比我更慘，她原本還在大學主修數學和物理，如今來到異鄉，學業也只能中斷了。」

早在難民潮之前，瑞薩便以高科技人才的身分申請移民，因此舉家遷徙基本上是自己的選擇。

「能怎麼辦呢？當時的確沒有人強迫你走，但周遭環境越來越亂，不如早點離去。」瑞薩苦笑著說，「雖然在這裡生活不比從前，但至少不用每天擔心飛彈從頭上掉下來啊！」

瑞薩的狀況算是比其他難民同學好的。來自敘利亞的露娜來上課時總是一臉疲德，而來自伊朗的穆哈德眼神裡似乎藏著深深的憂傷，我後來明白，他們都是在戰亂中被迫與家鄉的親人分開，不知何年才能夠與心愛的家人重逢。

所幸，也不是所有同學面對未來都是一片愁雲慘霧，尤其是年輕一輩的，少了事業家累的包袱，對於來到異國居住這件事顯然樂觀得多。

來自敘利亞的穆沙法才剛滿十九歲。中東血統所獨有的濃眉大眼間流露著一股青春的機靈與好奇，穆沙法平日儼然是班上的開心果，而他流利的德語也是數一數二的程度。穆沙法這麼說：「我本來就嚮往出國留學，現在正好可以圓夢了！」

這些移民同學讓我大大拓寬了眼界。其中，我和鄰座的美麗少婦羅珊娜變得特別熟稔。

「住在德國好多了，在伊朗，女性幾乎什麼都不能做呢。」在課堂附近的日本餐廳一道用午餐時，羅珊娜執著地練習著不曾使用過的筷子，一邊試圖辛苦地將握壽司夾到小碟子裡沾醬油，一邊向我分享著伊朗的生活點滴：「不能在公開場合和異性親密交談、不能有肢體接觸，男女必須分開座位，像我們現在融合班上男女可以自由選位，在伊朗可不會發生呢。」

「真的好嚴格喔。對了，恕我無知，」我望著染成亮褐髮色、編著漂亮髮型的羅珊娜，「在伊朗是所有的女性都要包頭巾嗎？還是只有穆斯林才需要，或者這是特定地區的規定？」

「全部女性都要啊。如果我現在回伊朗，我不光是要把頭髮包好，連四肢都不能露出，不管天氣有多熱。」羅珊娜說著便笑了起來，大概意識到自己現在正穿著無袖上衣，露出兩條纖細勻稱的胳膊。她接著補充：「而且沒有什麼是只有穆斯林才須遵守的，因為所有的伊朗人生來就是穆斯林，沒得選擇。我很慶幸我能來到德國，在這裡，我終於可以獨立思考自己想要的是什麼。妳知道嗎？我現在是天主教徒呢。」

我把融合班上的所見所聞和保羅先生分享，他也聽得津津有味。

「但怎麼聽起來，你在融合班上好像都在認識其他國家的文化？」不愧是實事求是的德國人，保羅仍不忘融合課最後的目標，「話說回來妳對德國文化到底了解多少？課程結束後的那個融合考試有沒有問題啊？」

「考試內容很容易啦，」我悠哉地回答，「你看這裡都有考古題，你別小看填鴨式教育下長大的台灣人，我最會死背答題了。」

「是這樣說的嗎？我看看。」保羅半信半疑地把我手上的題庫拿去瀏覽，「呵，看起來就是我們小學時候念的東西嘛。你看這裡介紹的是德國有哪幾個邦，國歌是誰寫的，還有各個政府機構是在幹嘛的等等。」

「哼，你的意思是說我現在程度比小學生還不如就是了。」我把題庫搶回來，「那我問你，在柏林和布蘭登堡邦北方的那個邦叫什麼名字？」

「這簡單，」保羅正要回答卻又打住，顯示在腦海中苦苦搜尋，「嗯……叫什麼來著？是薩克森嗎？」

「薩克森在柏林南邊，也差太多！是梅克倫堡-西波美恩邦（Mecklenburg-

Vorpommern）啦。」

保羅嘆口氣：「我地理一向不太好。而且這麼長的名字連德國人都嫌難念啊。」

這回換我嘆口氣了：「你這位德國先生需不需要跟我一起去上融合班呢？」

而我有時也捫心自問，如果台灣也有這樣的融合課程，我這個台灣人會考出怎樣的成績呢？

融合課程結束後，大家各自朝向未來的移民之路前進，我也報名了私人語言學校的德語進階班，繼續進行異國人妻的修煉之旅。除了羅珊娜和我偶有聯絡以外，我並不清楚其他同學後來的狀況。我只能衷心期許，這些曾有一室之緣的同學都能用最適合自己的方式，順利完成「融合」的終生課題。

Part 2

德國人妻的小日子

嫁給德國老公後，各項修煉擺在眼前：
烹飪打掃、敲敲打打，實踐凡事自己動手的終極德國精神；
從早到晚，每餐的主食都是黑麵包和馬鈴薯；
感冒看醫生會被白眼，不如來喝感冒茶；
不僅只能用英文和另一半吵架，
還要學習說德語好和婆家人溝通……

德國人妻的修煉之旅

不僅在烹飪方面，我和德國老公開始一個屋簷下的共同生活後，很快就深深體會到「凡事自己動手」的終極德國精神。

還沒踏上婚姻之路之前，我已經到德國準公婆家裡拜訪過幾次。每回造訪時，我總是對公婆家的一塵不染和精心布置印象深刻，廚房裡滿是親手釀製的果醬和醃菜，剛出爐的熱騰騰海綿蛋糕上鋪滿自家花園出品的鮮嫩紅莓，一切都讓我嘖嘖稱奇，彷彿來到童話故事裡的場景一般。

當時天真的我卻沒想到，眼前的美好景象，實際上意味著等在眼前的德國人妻挑戰可不是容易的事。

「妳從來沒烤過麵包？真的嗎？」登記結婚後沒多久，新婚夫婿保羅便發現這個驚人的事實，「那你們台灣常見的包子呢？這個總該做過了吧？」

「真的沒有啊。」我忍住翻白眼的衝動，「我們到樓下 7-11 買個大肉包多麼方便，而且大概才花半歐元而已。誰像你們那麼辛苦，什麼都得自己來啊。」

「自己做的又新鮮，材料又便宜，有什麼不好？」保羅顯然不以為然，「我看妳只是懶得動手吧。」

果然婚後就換一副面孔了！我心想，約會時保羅哪敢說出這麼犀利（或誠實）的話啊。當然我們也因此上演了夫妻間常見的鬥嘴又和好的戲碼，至於「做麵包」的提議，在我同意試做一次，結果證實我毫無天分後，這事從此便無疾而終了。

不僅在烹飪方面，我和德國老公開始一個屋簷下的共同生活後，很快就深深體會到「凡事自己動手」的終極德國精神。

我們的新家是半裝潢好的公寓住宅，意思是地板與電燈等基本配備已鋪設完成，並附有完整廚房設備，只要再自行購買家具，就是舒適的住處了。

「很不錯啊！」我說，「我以前在荷蘭住單人公寓時，連瓦斯爐水龍頭都要自己買來裝呢！現在我們什麼都不用動手了。」

事實再度證明我是過度天真了。保羅已經興致勃勃地準備重新安裝室內網路線和電燈的位置，家裡的天花板到處鑽了纜線通過用的洞孔，客廳裡頓時充滿了四處垂掛的纜線和掉落的粉塵。當時正逢農曆新年期間，由於我堅持在異鄉也要過除夕夜，我們只得在滿地狼藉的施工現場狼狽地吃起兩人的年夜飯。

「你非要架設有線網路的話，為什麼不找專業工人來做呢？」我盡量不讓自己的聲音聽起來明顯不耐煩，「你看你自己一個人只能在下班以後動手做，效率不高又不如專業的準確，為何還要堅持呢？」

保羅聽了以後卻只是哼了一聲：「妳不知道這邊人工有多貴，才會這樣說吧？而且自己動手做很有成就感啊。」

保羅說的其實不無道理。儘管已在歐洲生活了幾年，我還是常常忘記這裡和台灣不成比例的人工價碼。歐洲水電工的開價，動輒就是台灣的好幾倍，即使對於平均所得較高的德國人來說都是一筆不小的花費。原來我習慣的超值服務，其實是建立在台灣有目共睹的血汗勞工市場上。

保羅的「DIY成就」不光只是拉拉纜線而已，家裡的床架和大小櫃子，他都興致勃勃地畫了設計圖，到工具材料大賣場挑選木材，搬回家裡又鋸又鑽地搭建起來。保羅甚至還為我們的廚房量身打造了一座飾有金屬工業風燈泡的吧台，親朋好友來家裡拜訪時，便能煞有介事地坐在吧台前的高腳椅上，向主人點杯開胃調酒。

「究竟是你比較特別，還是大部分德國人都是身兼半個水電工和半個木匠啊？」我一邊幫忙糊貼木製吧台表面上的木片，一邊忍不住再度發問。

在我四處打聽一番之後，結果證實，即使不像保羅這麼大費周章自行製作大型家具，但大部分德國人遇到家裡各種修繕事宜時，首先都是憑藉自己的基礎概念動手解決問題，真的到無法修復的地步時才會求助專業人員。不得不說，身邊有這樣的伴侶，生活頓時變得實事求是多了。

不難想像，德國人妻的另一大挑戰，便是在井井有條的家事修行上。

由於保羅平日上班的工作量比我大得多，我於是認分地負擔起主要的家事。我從前獨自租屋時，家事清潔和居家布置從來不是什麼難事，打點自己的粉紅單人公寓實際上還是我論文卡關時的最佳紓解方式之一。然而，一旦和高標準的德國人在一起，事情全都變得複雜起來。

「我不是說過，這裡的自來水是硬水，玻璃和金屬類的東西沾到水的話要隨手擦乾，不然很容易形成水垢嗎？」保羅好幾次一邊皺著眉檢視金屬水龍頭上的斑斑灰點，一邊拿起海綿動手刷洗起來。

「哎呀我又忘記了，你知道我就是沒這習慣嘛。」我也不只一次撒嬌求和，「台灣的水不像這裡那麼硬，洗完手把手擦乾就完事了。洗手台四周的水自然風乾也不要緊，不會留下痕跡。以後提醒我定期清水垢就好嘛。」

至少我現在已經養成習慣，會將清洗過的煮水壺或不鏽鋼杯隨手擦乾，但其餘林林總總的瑣事則似乎永遠在適應中：垃圾要確實分類、不同的衣物質料要設定不同的洗衣機水溫洗滌，學習用電磁爐的溫度炒菜而非瓦斯爐，認識每樣物品專用的清潔劑，記得哪些材質的鍋碗不能放入洗碗機，以及由於習慣早晨才淋浴，沾上汗味的床單三天兩頭就得固定換洗……

我不禁佩服起德國親友的家事功力，竟然總能將住家收拾得如預備接待客人的高級飯店。我還記得第一次到保羅的爺爺奶奶家拜訪的情形：小巧的德式木屋周圍花木扶疏，屋內鋪著觸感舒適的米色地毯，而我和大家一同用餐時總是戰戰兢兢，深怕一不小心將紅酒滴在雪白的桌巾上。

根據嫁到日本的友人說法，德國和日本在衛生清潔方面的嚴格程度不相上下。也難怪，這兩個國家的民族性往往一拍即合，我和保羅某年到日本旅遊時，不論是對於無可挑剔的整潔環境，或是在台灣人眼中幾乎顯得病態的敬業態度，身旁的德國老公可是全程讚嘆連連。

雖說人在異鄉，勢必要入境隨俗，我也在半不得已的情勢下逐漸調整成不同的生活習慣。不過轉念一想，所有剛進入共同生活的伴侶也都必須經過類似的磨合過程，在我聽聞的例子中，經常有因為原生家庭的作法迥異而產生爭執的。而異國婚姻的好處之一，就在於不必判定孰是孰非，一切推託給「文化差異」即可。

「你你你，不要又穿著鞋子躺在床上啦！」當保羅連鞋也不脫，直接和衣往床上一倒時，我忍不住和往常一樣尖聲叫起來，「你們的乾淨標準會不會太奇怪！平常那麼在意浴室鏡子有沒有發亮，卻覺得室外的鞋子可以大剌剌踩上地毯，甚至睡覺的床單！」

「你們亞洲人是不是對地上的灰塵太在意啦，」保羅還是躺在床上沒有要移動的意思，「不過就是自然的一部分啊，我是不覺得這有多髒。真的介意的話拿去洗洗就好啦。」

「雖然我們住在德國，可是既然你娶了台灣人，偶爾就要尊重我的文化。」我一邊說，一邊動手把保羅腳上的鞋子脫下扔到一邊。

用文化來當擋箭牌，似乎比針對個人習性來得容易令對方接受呢。

原來不是每個歐洲人都會講英文

儘管我造訪的是每年吸引大批國際學者的圖書館，但別說小鎮居民了，就連圖書館的館員也難以和我談上兩句，讓我對當地英文不通的程度著實吃了一驚。

「我要先回去了！」我氣沖沖地抓起外套和包包，準備從保羅的德國朋友派對上離開。

保羅見狀趕忙拉住我。或許是自知理虧，他立刻主動向我道歉：「好啦不要生氣，我看到好久不見的朋友，一時開心就聊開了嘛。」

「這我又不是不能理解，」我還是在一股氣頭上，「所以我一開始就說我不要參加派對，你自己去和朋友聊天就好嘛。是你一直拉我來，還保證會讓大家用英文跟我溝通，我才答應出席的。結果呢？連你在內所有人都在講德文，我什麼都聽不懂，一個人被晾在那邊超尷尬的！」

保羅又好聲好氣地安撫了一番：「對不起啦。現在開始我只講英文就是了。」

我不知別人如何，但至少對我而言，異國戀情最麻煩的部分之一就是語言了。我們在朋友生日派對上難得爆發口角，正是由於語言引起的困擾。

光是假日時，整天面對的是一個非得用外語才能相處的人，這本身就需要花時間適應。儘管在國外生活已久，外語也有一定程度的掌握，但使用起來永遠不及母語來得微妙精準，母語中的各種典故涵義恐怕也永遠無法讓另一半心領神會。

我和保羅的母語都不是英文，但我們剛認識時，我的德文程度只有從前在大學時胡亂上了一年的基礎德文，而保羅的中文程度則完全等於零，因此我們從一開始就是用第二語言英文溝通。

不過，或許由於德文和英文屬於較為接近的語系，以致就算我在留學時能夠用英文寫完論文，但保羅在英文口語能力上還是比我靈活許多。這在夫妻相處方面，顯然保羅是占上便宜了。

「什麼？你剛說什麼再講一次。」我常在對話中打斷保羅。

「我是說@＃＄％＆！」保羅重複的句子在我耳裡聽來就像一團密碼。

「還是聽不懂啦，說中文好嗎？」我索性做出不可能的要求。

這種狀況尤其是在碰到我不熟悉的工程領域時，即使保羅先生忽然開竅真的開口對我說中文，這些他工作上習慣的語彙對我來說想必依舊如同外星語言。這時我就只能兩手一攤，故作大方地說：「隨便啦，你想裝上什麼奇怪機械就去做吧！」

某種程度上這也加強了夫妻間的（盲目）信任吧。

戀愛畢竟是用「談」出來的。兩人的想法和價值觀，總免不了要透過語言媒介才能相互交流。不過，當日子久了，默契一旦產生，即使不開口也能感受到對方的心意。唯有在這種時候，當一個微笑就能傳遞千言萬語時，無論使用哪種語言轉譯似乎都不重要了。

雖說兩人間的外語對話可以倚賴長時間相處的默契，但進入對方的文化又是另一回事了。若身在可通英文的國家，相較起來生活還算容易，畢竟英語不算是完全陌生的語言。但世事難料，我偏偏就嫁給了德國人，來到這個基本上語言不通的世界。

我一開始相當排斥學德文。尤其當我自認好不容易可以稍微掌握了用英語進行知性風趣的談話，此時卻得將過去的「成就」全部放下，像幼稚園生一般從頭開始，心裡畢竟有點不是滋味。

或許是在荷蘭住過的關係，我早已被荷蘭人個個流利的英文寵壞。在五年的時間內，我只有一開始學了幾堂荷蘭文，但很快就發現其實並無用武之地：學校用英語授課，電視電影皆有英文節目；和荷蘭人往來時，我只要表明自己不會荷蘭文，所有人就會立即異口同聲地說：

「沒問題，那我們說英文。」

接下來全場便轉成再自然不過的英文對話，彷彿原本就是如此進行般毫無違和感。也因此，除了必要時請荷蘭朋友替我翻譯一下政府公文外，不會荷蘭文這件事並未替我帶來太多實質上的不便。

於是在荷蘭的期間，我一度有種錯覺，認為英文就是歐洲最重要的語言。若有人不會英文，只能用歐洲語言溝通，顯然就是他自己的問題。後來事實證明，這正是我面對歐洲人際關係時，碰到的最大文化差異之一。

「這大概是身為小國的自覺吧，」我的荷蘭友人針對這樣的不同之處，試圖作出分析：「我們知道沒多少人會學荷蘭文，所以不管政府學校或是各行各業的人民，全都認為英文是必要的能力，才能加強荷蘭在國際上曝光的機會。」

「聽起來很有道理，但話說回來台灣也很小，我們這樣的自覺卻好像還不太強啊。」我說，「看來身為小島的影響不淺呢。」

相較起來，在德國，即使是最為國際化的首都柏林，我也經常碰到英語派不上用場的窘境。顯然，一直停留在熟悉的英語或甚至母語環境的舒適圈，在這裡是行不通的。

我在和德國人保羅交往之前，曾經有機會到德國小鎮短暫居住三個禮拜，當時我便已體會到這種近在咫尺的巨大鄰國差異。儘管我造訪的目的地是以收藏珍本圖書著稱、每年吸引大批國際學者的圖書館，但別說小鎮居民了，就連圖書館的館員也難以和我談上兩句，讓我對當地英文不通的程度著實吃了一驚。原來在車程不過數小時外的地方，居民習慣的社交方式與國際化程度，就完全是另一個世界。

「我們那個年代，學校裡沒有必修英文喔，」保羅的媽媽蜜莉後來向我解釋，「我們可以自由選法語西班牙語拉丁語等等，英語不是每個德國人都會選擇的。像我就選了法文，因為法國離我們近，而且我喜歡去巴黎逛街啊！」

在剛開始約會的階段，我還沒開始重新接觸德文，因此面對保羅的朋友或家人，無論對方的英文程度如何，我都沒有別的語言選項，只能逼對方硬是用英語和我對話。不得已的時候，就只能靠保羅擔任起中間翻譯的重責大任。當然，這樣一來，對話的樂趣也折損了不少。

保羅一家原本都很樂意努力試著用英文和我溝通，然而，就在婚後我開始上德文班的消息傳開以後，不僅保羅爸媽立即轉成全德文對話，那不會說英文的九十高齡阿嬤更是像鬆了一口氣般，直接和我交談起來，不用再等待保羅的轉達。

儘管看到長輩欣慰的樣子是好事，但這對我簡直是莫大的壓力，大家似乎期許我的德文可以瞬間變得通達無礙。甚至連原本英文最好的貝亞阿姨，這下也開始裝成只會說德文，帶著一抹意味深長的微笑放慢速度用德文對我說：

「語言就是要這樣練習才會進步，不是嗎？」

事到如今，我也只好硬著頭皮繼續練德文了。在語文程度不上不下的尷尬階段，坐在餐桌邊聽著大夥飛快的德語對話時，就算能模糊地抓住談話重點，但要插上話依舊不容易，多半時候還是扮演著聽眾的角色。對於喜歡與人分享心得的我來說，不能適時發表感想簡直是莫大的折磨。

「我結婚沒有什麼語言問題啊，只要我在的時候，公婆全家都會跟我說英文。」

嫁給荷蘭人的台灣女友如此說，在我聽來根本是幸運到不可思議的地步了。

好在我天生個性不太容易羨慕別人，只要稍微轉念一想：對於從小英文非必修的德國婆家而言，他們願意耐著性子，陪我練習結巴不已的德文，對他們來說又談何容易？這也代表著婆家人對我寄與厚望，期待我能盡早完全融入這個新的家庭，在我內心深處，其實仍是明白且感激的。看來，唯一的回應方式也只能是鞭策自己，早日達到德文通曉的一天。

是說真的有那麼一天的話啦。

學外語的祕訣

不用一直擔心自己外文不順暢，只要記得說話時清楚有力，讓對方不致聽得吃力就好。剩下的，就靠妳充滿魅力的眼神和動作，讓化學作用自然產生吧！

「嗯？什麼？」

看到我一臉迷茫的神情，德文老師重複一遍她的問句，我卻還是摸不著問題的內容。

「對不起，請再說一遍。」我一緊張，原本僵硬的舌頭更發不出正確的德文音了。

「算了沒關係。」德文老師眼中流露出一絲明顯的失望，轉頭問另一個同學，對方也流利地做出回答。而一旦眾人的眼神聚光燈從我身上移開，我也忽然聽懂了這個分明簡單的問句，但此時懊惱方才的遲緩表現已經來不及了。

到了各自填寫作業習題的時間，我總算鬆了一口氣，飛快地寫完答案。只要不用開口，文法或單字練習對我來說都不是什麼難事。

我是全班第一個寫完答案並且完全正確的。但我立刻察覺到其他同學並未因此對我刮目相看，甚至我還聽見另一名外國同學小聲地說：「唷，怎麼會呢？」

這種情況重複幾次，我便體會到一件事：在這裡，紙上的文法理解再好都不是重點，口語能力才是證明語言程度的一切。

在語言班上的挫折，我也只能消極地把責任推到台灣教育上。畢竟我從小在學校接受的外語教學方式，就是讓學生習於考試答題而非實際應用，以至於許多人儘管從國小就開始接觸英文，真的要應用時，卻往往連生活中的簡單用語也無法順利從口中吐出。

我大學剛進入英文系時，就已感受到這種挫折感。英文系裡藏龍臥虎，不少人是從小上雙語學校，或者跟著父母在國外生活、英語等同母語的程度，而我念的是台灣的普通高中，憑藉的是背熟字彙及文法進入外文系。一開始在系上的會話課時，就已發現我的口說能力遠遜於其他人。

經過大學四年的磨練，我原以為自己的英文能力終於能算得上差強人意，但真正出國進修以後，我又一次受到語言表達的打擊。

「所以針對這點，大家有什麼意見嗎？」荷蘭教授問道。

這時的我確實能夠用英文表達想法，問題是我還在思考怎樣才是最好的答案。「我覺得這點很有趣，我還不確定這代表什麼意思，但我認為……」我還在整理腦中的想法，旁邊的荷蘭同學已經開始發言。

「你說得有道理，這讓我想到另一點……」另一名同學接上話題。

「可是我有不同的觀點……」坐在另一邊的同學也開口了。彷彿滾雪球似地，大家七嘴八舌地熱烈討論起來。而我始終還沒準備好回答。

結果，我留意到和我一樣閉口不言的，就是同樣東方面孔的同學。

「我對這種狀況很習慣了，通常在這種討論課上，亞洲學生都很安靜，西方學生都拚命發言。」我的指導教授曾對我和其他幾位亞洲學生這麼說，「不過交報告的時候，我就知道亞洲學生幾乎都很認真，書面報告的內容通常都很好，課堂上的被動表現終究還是文化因素的影響。」

開了幾次研討會後，我默默發現外表極有自信、總是侃侃而談的那幾個歐洲同學，其實發言時的內容並沒有想像中的擲地有聲，甚至有時只是把老師說過的用自己的話整理一遍，或是提出幾個聯想到的點，並不是直接回答問題。

「即使是這樣，也是一種課堂參與，」教授主動提起了這點，「有時就算沒有提出具體的想法，但其他人可能因此獲得了靈感也不一定。所以我們的教育是從小就鼓勵開口，就算你在課堂上認真聽講，但不參與討論的話，在別人眼裡你就是沒在投入上課，更糟的是認為你程度不好跟不上進度。」

在這樣的環境迫使下，我也終於幾次逼自己鼓起勇氣發言。雖然其他西方同學總會用熱情的鼓勵眼神望著難得開口的我，但我每回總是緊張得胸口撲通跳動著，得用全身的意志力才能讓自己表面上看來若無其事。

「妳為何要那麼緊張？妳的英文又不差。」英國友人東尼聽見我苦惱的問題，不解地反問。

「明明就很差吧！」我立刻抗議，「你看另一個外國學生，明明母語也不是英文，但他說起話來順暢得多。而我是儘管腦子裡知道這句話應該怎麼說，舌頭卻老是不聽使喚。」

「其實妳仔細聽，他每句話裡面幾乎都有錯誤。」東尼像小老師一樣耐心地說，「但是他感覺比妳厲害的原因就是他根本不在乎，文法說錯也繼續講下去，妳則是會一直停下來修正自己的錯誤，這樣聽的人也很累。」

「好吧，就算我不要去管時態什麼有沒有講錯好了，」我說，「但有時探討比較深入的話題時，有些複雜的概念我總得先花時間想一下怎麼表達啊，這就不是稀哩呼嚕講過去就可以的。」

「誰說複雜的概念就一定要用複雜的語言？妳可以用妳熟悉的單字就好，與其試圖講很長的句子然後自己失去信心，不如就拆成許多句簡單的句子。」東尼眨眨眼說道，「把妳的意思講清楚最重要，又不是在作文，哪個約會對象會管妳句型用得多漂亮啊？」

「等一下，不是在討論上課嗎？怎麼變成約會的問題了……」

「道理都是一樣的啦。」東尼像是根本沒聽見我的抗議，「妳和外國人約會的話不也會碰到語言表達嗎？更何況，約會時的談話內容固然重要，但更關鍵的還是彼此的化學作用（chemistry）啊！就像妳在這個同學身上觀察到的，他除了在口語上信心滿滿外，還會使用各種生動的表情和手勢，讓大家覺得跟他談話是有趣的事。」

「這麼說也是啦……」

「同樣的，妳也不用一直擔心自己的外文不順暢，只要記得說話時清楚有力，讓對方不致聽得吃力就好。剩下的，就靠妳充滿魅力的眼神和動作，讓化學作用自然產生吧！」

「就是溝通不清才能持久啊！」對於異國戀情中的語言問題，嫁給西班牙丈夫的台灣女生小妍則是抱著樂觀的看法，「如果所有的情緒和想法都一五一十地讓對方知道，這樣難免會起摩擦吧。各自保留點空間未嘗不是好事呢？」

事實上我和保羅似乎也是如此。我們真正大吵的時候不多，因為往往等我在腦袋裡整理好想說的話時，氣也已經消了一半了。而在正常不吵架的日子裡，把對方拿來當第二外語的練習對象，也成了另一種兩人世界的默契。

「真討厭，今天在德文班上又丟臉了。」保羅下班回家後，我忍不住把上課的委屈一股腦傾吐出來。

「這樣啊，是什麼句子你講不出來，說一下我聽聽看。」

一旦少了課堂上眾人關切眼神的壓力，我緊繃的舌頭忽然鬆開似的，吐出了長長的德文句子。既然對象是自己的另一半，我也不再介意動詞位置是否正確、名詞究竟是陰性陽性還是中性的問題，而是眼也不眨地讓對話繼續進行下去。

「很好啊，我都聽得懂。只要改正小地方就好了。」保羅接著把正確的句子說了一遍。

我摸摸鼻子，像小學生上課般小聲複誦了一遍。

「好了，德文時間結束。」我說，整個語調瞬間充滿自信地提升八度音，「現在來練習中文吧。中文的四聲怎麼區分還記得嗎？」

「噢不……」

聽見保羅的哀嚎，我幾乎可以壞心眼地感受到小小的復仇快感：「沒辦法，誰叫你娶了台灣老婆，學語言要付出代價的可是不分男女噢。」

一整桌的糖醋排骨

原來即使在大家一同分享的亞洲餐廳裡，沒有這種飲食文化的西方人還是習慣性地認為個人選的那一道是「自己的」。

保羅全家為了我們的訂婚宴而來台旅遊的那幾天，身為這個小親友團的台灣親善大使，我可說是使出渾身解數，一一介紹台灣引以為傲的特色美食。

我帶大家來到了口碑頗佳的一間道地台式熱炒餐廳。大家圍著圓桌坐下後，我興奮地攤開菜單：「看，這家餐廳菜色很多噢，菜單上都有圖片，大家看看想點哪些？」

保羅爸爸指著其中一道糖醋排骨：「我想要這個。」

我正要開口說好，保羅便先接話：「我也要點一樣的。」

「欸，」我發現情況不對，趕忙解釋：「中式合菜的意思是大家會一起分著吃，所以盡量點不一樣的菜。你們看桌上這個可以轉動的圓盤，就是方便大家吃到不同的菜。」

「可是我想要自己吃一份啊。妳想嘗嘗的話我可以分妳一點沒問題。」保羅說。

「呃，合菜跟西式套餐不一樣……反正在這裡點重複的菜很奇怪啦。」

在我半強迫下大家點了不同的菜，但很快我便發現，大家幾乎執著地只吃眼前自己點的那一份。

看來用餐習慣不是一兩天就可改變的事。算了，我在心裡告訴自己，以後大家要點一整桌的糖醋排骨，就讓他們點吧。

飲食絕對是文化中重要的一環。台灣人尤其重視吃，出遊時尋找當地特色料理是必要選項，約會時上餐廳用餐也幾乎是司空見慣。吃什麼、如何吃，背後都牽涉著根深柢固的文化習性。飲食不僅是夫妻之間每日必須面對的柴米油鹽，對飲食不同的習慣與認知，甚至可能造成不同背景的異國男女在約會時的誤解和窘境。

至於中式合菜與西式套餐的不同形式，只是這種飲食文化差異中的一個明顯例子罷了。當然有人將這種現象歸因於東方的集體主義和西方個人主義的傾向，但這樣的區分套用在實際生活未免有些武斷，大部分人吃飯時，其實只是依循著從小的教育習慣。

我還記得，喜歡和大夥打成一片的英國友人東尼也說過類似的話：「我覺得中式合菜這樣的概念很好，可以吃到不同菜色、吃飯氣氛也非常融洽……但我就是不習慣和別人吃同一個盤子裡的東西。」

我剛到歐洲留學時，也差點因這樣的不同飲食文化而產生誤會。某天，我和國際學生宿舍中不同國籍的樓友一同到鎮上的泰式餐廳打牙祭。大家輪流選了不同的菜色，也都同意上菜後一同分享。

對我來說，這和平常吃中式合菜的習慣沒什麼兩樣，菜上齊後我便將面前的幾道菜各夾了一點到自己的碗裡。這個動作對我來說再自然不過，然而，我卻隱約發現坐在對面的同學似乎露出詫異中帶點不悅的神情。

我原本還不以為意，正要動手夾另一盤菜時，同桌的另一名台灣學生顯然比我更懂得察言觀色，他開口問對面的同學：「請問我可以嘗嘗看你點的魚嗎？」

我這時才後知後覺地醒悟，原來即使在大家一同分享的亞洲餐廳裡，沒有這種飲食文化的西方人還是習慣性地認為個人選的那一道是「自己的」，即使大家同意要分享，仍然會先禮貌性地徵求對方同意，才能嘗試一下「別人的」菜餚。

吃頓飯變得如此循規蹈矩，實在讓我有點適應不來，以致到最後我也乾脆只吃自己點的那一份。畢竟，入境隨俗是不變的準則，免得自己無端成了別人眼中「不禮貌」或「白目」的那個。不過同時，我不禁深深懷念起台式的熱炒餐廳，大家叫了滿桌的菜，只見筷子此起彼落，不必區分你我那樣的熱絡氛圍。

關於用餐規矩，雖說大可上網查詢「西式餐桌禮儀」的大原則，但每個家庭都有不同的做法，也有各種意想不到的細節。從和保羅兩人約會開始，到後來的家庭聚餐，對我而言幾乎每次吃飯就等於上了新的一課。

「妳在幹嘛？」在婆家吃早餐時，保羅悄悄地在桌下戳我。

「嗯？剝蛋殼不對嗎？」我拿著水煮蛋，照平常習慣在桌緣敲了兩下，順著裂痕剝起蛋殼來。

「不對啊。」保羅乾脆的回答讓我滿腹困惑。不剝蛋殼要怎麼吃蛋呢？

「妳沒發現蛋都是放在蛋杯裡嗎？蛋杯不是這樣用的。」

保羅示意要我看著他的做法。拿起桌上的餐刀，一手稍微扶著蛋杯裡的蛋，另一手將水煮蛋連殼橫切開來。撒點鹽巴後，用一旁的小湯匙挖著蛋吃。

也太做作了吧！礙於坐在對面的婆婆蜜莉正優雅地用蛋杯吃著蛋，我只得將差點脫口而出的評語吞回去。但看到保羅也像大家閨秀般捏著銀製小湯匙，小口小口地吃水煮蛋，這幅畫面還是讓我忍俊不禁。

我試著像保羅一樣把蛋在蛋杯裡切開，蛋殼卻文風不動。我稍微用力，蛋沒有俐落地分成兩半，反倒像是遭到執行不力的劊子手摧殘過一般，在精緻雕花的陶瓷蛋杯上支離破碎，蛋黃沾了我的手指都是。

「台灣人不用蛋杯的嗎？」蜜莉見狀問道。雖然她並沒有嘲笑之意，我卻已窘得滿面通紅。

這還只是眾多用餐細節的一小部分而已呢。但想到保羅爸爸在台灣餐廳用餐時，奮力地練習使用筷子，這樣一想，蛋杯顯得容易多了。

在德國居住一陣子後，我慢慢習慣各種餐桌小細節：哪些食物可動手處理、哪些食物只能用刀叉規矩地在盤裡分解；認識哪些是切牛排的刀子、哪些又是吃魚用的叉子。照排列順序使用刀叉和餐盤，前菜用完才會上主餐，因此不要慢吞吞品嘗前菜或放在一邊待會才用。喝湯或熱茶時千萬不得像吸食日式拉麵一樣呼嚕作響，打飽嗝更是禁忌中的禁忌。記得碗盤不就口的原則，即使盤中殘餘的濃湯讓人頗有捧到嘴邊喝掉的衝動，也只能矜持地將麵包撕成小塊，沾著剩餘湯汁順便「清潔」盤底。更別提用餐完畢後，刀叉務必要整齊地擺放在盤裡。

「我奶奶在我國中時就曾禁止我跟某些同學來往，只因為他們到我家吃完飯後，沒有將餐具擺正。」英國人東尼曾如此說。

不過用餐禮節中最令我難以拿捏的，還是佐餐酒的飲用。

雖然不想誇大，但我的酒量在台灣人之間算是數一數二的。我尤其喜歡口感濃郁的干型紅酒，年輕一點的時候，和朋友一邊聊天一邊搭著下酒點心，一個人就可以喝光一整瓶紅酒。

現在很少像從前一樣喝多了，但紅酒對我來說就像正常飲料一般。到別人家裡用晚餐時，若主人有提供紅白酒的話，我通常會毫不推辭地至少喝上三、四杯。

第一次在保羅的叔叔家作客，由於紅酒瓶就放在我面前不遠，為了省去主人倒酒的麻煩，酒杯空了以後我便伸手自行斟滿。

第二次自行服務以後，叔叔似乎注意到我的酒量，因此不等我一杯喝完，就開始不斷斟酒，讓我的酒杯幾乎沒有低於三分之一量的時候。瞬間令我想起在傳統的科隆啤酒酒吧裡，除非用杯墊將細長的啤酒杯口蓋住表示不再續杯，否則侍者就會不斷自動送上新的啤酒那樣的景況。

後來，我才在書上讀到，原來在西方禮儀中，客人自行伸手倒酒是對主人的不尊重。這意味著主人招呼不周，尤其女性更會讓人留下貪杯的印象，儘管在今日男女平等的社會亦然。

我這才大驚失色，難怪叔叔特別殷勤地服務我，原來我的動作似乎在暗示著：「快點拿酒來，你這小氣的主人！」

然而，到了婆婆蜜莉家裡，規矩又略有不同：蜜莉認為替客人斟酒時，一定要起身走到客人身邊，像專業餐廳一樣以不碰觸酒杯的方式俐落地注酒。

這樣來回幾次後，保羅在我身邊耳語：「妳這麼會喝，這樣人家太麻煩了。妳乾脆就自己去倒酒好了。」

這麼一來，又和我好不容易學會的做客禮儀相反了！於是，在幾次矛盾的經歷後，我乾脆採取最簡單而又不失禮的方式，直接詢問一聲：「我可以自己來，你介意嗎？」

我在閒暇中閱讀《包法利夫人》時，其中一段文字令我印象深刻：

膳食總管穿著絲襪、短褲，打著白色領結，衣服鑲了花邊，莊嚴得像一個法官，在兩個賓客的肩膀中間上菜，菜已一份一份切好，他只用勺子一舀，就把你要的那一份放到你盤子裡。

（《包法利夫人》第一部第八節）

原來西餐對於「一人一份」的重視，十九世紀的福樓拜也看在眼裡。他鉅細靡遺地描寫包法利夫人對侯爵家排場的嘖嘖稱奇，連女賓可以喝酒這件事也讓她在心裡默默感到詫異。然而，在今日一般的西式餐廳中，這些早已不是新鮮事。顯然，用餐這門學問隨著時代不斷進展，或許新的餐桌禮儀也將繼續出現，永遠沒有完美的一天。

所幸，酒酣耳熱以後，無論主或客都放鬆了不少，這時各種繁瑣禮節都可以放在一旁。飲食或許是在種種異國文化差異中，最令人欣然體驗的項目吧。

清粥小菜或生菜沙拉

對於在亞洲長大的我而言，米飯是不可或缺的主食；但對在德國土生土長的保羅來說，麵包和馬鈴薯才是晚餐的常態。因此我家菜單的折衷方式是中西式輪流進行。

「有什麼我可以幫忙的嗎？」見到婆婆蜜莉在廚房準備所有人的晚餐，身為好媳婦應有的表現，自然就是趕緊上前關心。

「嗯……好啊，那妳幫我削馬鈴薯皮好了。」蜜莉說著便把滿籃的馬鈴薯和削皮刀遞給我。

也太多了吧！我記得從前娘家做馬鈴薯燉肉時，約莫也只用到兩顆大馬鈴薯而已。此刻我才想起，這裡是以馬鈴薯為主食的國家，眼前堆積的馬鈴薯作為四人份的主食，顯然是剛好而已。

既然說了要幫忙，這時後悔也來不及了。我拿起削皮刀……咦，這刀和我習慣的Y字型削皮刀完全不同，而且怎麼這麼難用？

我還在和陌生的直式削皮刀搏鬥的時候，蜜莉已經完成大部分備料工作。見到我的動作這麼遲緩，蜜莉乾脆開口：「還是我來吧？」

同樣的刀具到了婆婆手上立刻變得靈活銳利起來，原來我根本沒掌握正確的握法。蜜莉以飛快的速度削完大部分薯皮，我在旁默默觀察，發現蜜莉並不像我一絲不苟地把皮完整清除，而是大刀闊斧地削個幾刀後便換下一個，每個處理過的馬鈴薯基本上都仍殘留著斑駁的表皮，難怪她的動作比我快上許多倍。

「馬鈴薯其實不削皮也可以吃的，但因為口感畢竟沒那麼好，所以我還是會削個大概的樣子，」蜜莉解釋，「妳怎麼好像對這很陌生？你們不吃馬鈴薯的嗎？」

「當然吃啦，只是不會像你們這麼大量，所以我很少一次處理這麼多馬鈴薯。」我趕忙澄清，「像你們常買的這種兩公斤或五公斤裝的整袋馬鈴薯，在台灣超市幾乎不會看到呢，反而是米才會有這麼大包裝的尺寸出現。」

「五公斤的米嗎？那要吃到幾時啊……」蜜莉顯然低估了我們吃米飯的頻率了。

剛開始一起生活沒多久，保羅便用「米飯成癮症」戲稱我的「症狀」，因為我每隔幾天一定要吃到米飯，否則就會渾身不對勁。

東西方的飲食習慣畢竟還是南轅北轍。在西方超市裡，米飯只是偶爾換新花招的嘗鮮料理，因此架上總是只有五百克的迷你包白米，一般亞洲家庭根本撐不了幾天，以致我總是專程到亞洲超市買米，或是乾脆直接上網訂購大袋白米，免得我不時米飯癮頭發作。

問題來了。對於在亞洲長大的我而言，米飯是不可或缺的主食；但對在德國土生土長的保羅來說，麵包和馬鈴薯才是晚餐的常態。

「晚上又要吃麵包？為什麼要吃跟早餐一樣的東西啊……」我一開始總如此哀嚎。

從前在荷蘭住的時候，我總愛嘲笑荷蘭人的無趣家常菜：薯泥和青豆湯。如此樸實無味的食物，也只有崇尚實事求是、不把時間花在精緻料理上的荷蘭人才做得出來了。

當時的我幾次來到德國短暫旅行，對分量驚人的德國豬腳、碩大的德式香腸和溢滿盤面的德國酸菜大為讚嘆，更別提巨型尺寸的啤酒杯了。對於省吃儉用的留學生而言，一份德國豬腳吃不完打包回家，還可以連續吃上三餐的量，簡直划算至極。

殊不知，成為德國人妻之後，才恍然大悟一切都只是觀光客看見的表象。一般德國家庭晚餐並不會沒事吃澎湃的德國豬腳餐，只有在偶爾上館子或特殊場合時才有機會品嘗。大部分的日子裡，德國家庭的晚餐桌上就是冷冷的黑麵包、各式燻火腿和起司，或者再加上一點醃菜。

「哪有和早餐一樣？早餐可沒有吃口感這麼紮實的黑麵包啊！」保羅一邊說，一邊露出幸福的微笑把手上的麵包塞進嘴裡。

我不禁在心裡翻了個白眼，對我來說不管是哪種麵包，只要拿來當作晚餐的主食，就只有寒酸兩字可以形容。

儘管心裡這麼認為，但婚姻生活畢竟無法一意孤行地只採用自己的想法，因此我家菜單的折衷方式就是中西式輪流進行。聽來公平，但實行起來卻有許多細節問題，比如前晚的剩菜很難第二天繼續變化應用，因前一日的中式醬油調味和第二天的西式醬汁怎麼也不搭。或是兩人都同意今晚來點清淡料理，但一人腦中想的是清粥小菜，另一人盤算的卻是澆了紅酒醋的生菜沙拉，兩人唯一一致的想法，就是認為對方的東西根本不能算是真正的食物。

偶爾品嘗異國料理原本是頗有情調的事，但當每日必須面對不熟悉甚至感到詭異的食物時，一切似乎就變調了。

在外食極度方便的台灣居住時，我很少感受到非下廚不可的必要，但由於歐洲外食普遍昂貴，既然要在此長住，也就不得不認命地每日洗手做羹湯。我一開始做些如麻婆豆腐、青椒牛肉這類簡單且接受度高的家常菜，保羅倒也能欣然品味。但時間久了，就會發現讓德國先生難以下嚥的料理還真不少：

用雞翅和雞腿做了三杯雞：「我們吃雞肉時是不會讓帶骨頭的雞上桌的。」

冬天來點熱騰騰的香菇雞湯：「這湯好稀薄，你們不用奶油煮濃湯的嗎？」

煮了紅豆甜湯：「豆子怎麼做成甜的？好奇怪！」

清爽的炒高麗菜：「這道菜感覺沒什麼處理，有點無趣耶。」

就連我專程去亞洲超市買了價格較高的日本米回來，也招來不懂得欣賞的評語：「米飯怎麼這麼黏？這樣是對的嗎？」

聽起來保羅先生似乎頗難相處。但憑良心說，週末換保羅下廚時，我的挑三揀四也好不到哪去：

「我不要再吃馬鈴薯了！不管是煮的烤的炸的，就是不要馬鈴薯！」

「這東西原來叫豬肝香腸？口感超怪我不要。」

「三明治不能當晚餐！」

「沙拉裡放藍起司？抱歉我無法……」

「我不想早餐吃冷火腿……可以像台灣早餐店一樣煎成火腿蛋嗎？」

每回要傷腦筋變化中西式的不同飲食時，我總是熱烈想念著台灣街頭琳琅滿目的夜市飯館。雖然我也明白，台灣的便宜小吃其實完全值得收取像歐洲一樣昂貴的人力代價，但偶爾在疲倦不想做飯的時候，或是夜深人靜忽然渴望立即吃到巷口炭烤宵夜的時候，我仍不爭氣地想著：如果這裡的餐飲業也像台灣一樣廉價就好了。

真要說起來，德國食物也不算一無是處，至少在要求健康有機飲食方面，這裡倒是完全可以放心，不用擔心塑化劑、假油、添加物等等問題。即使有時羨慕起那些住在法國、西班牙等美食天堂的朋友，但想到可能還得另外適應不同的用餐習慣，也就不再覬覦別人的好處了。

總歸一句，既然自己選了德國老公，一切的生活不適應，還是只得乖乖和著黑麥麵包吞下去吧。

感冒看醫生，不如來喝感冒茶

在德國會戴口罩走在路上的只有真正虛弱的重病患者，一般人只有發燒咳嗽的小感冒時不會這麼做。

我的娘家家人為了我和保羅先生的柏林婚禮，一家老小搭上飛機，千里迢迢抵達柏林。

我疼愛的小外甥和外甥女是頭一回體驗空中旅行，我一方面既開心能和家人團聚，另一方面又心疼小朋友歷經十多個小時長途飛行的疲累折騰。

果然，小外甥女原本的感冒還沒完全痊癒，一下來到氣溫驟降好幾度的異地，不出所料地又開始咳嗽了。在家人的叮囑下，小女孩戴上衛生口罩，以免傳染給周遭的人。殊不知，我們以為尊重他人的做法，卻差點引起一陣恐慌。

「等一下！」我們正要搭上接駁公車時，司機忽然神情激動地把我們攔下。

司機伸手擋住正興奮鑽進車廂裡的小女孩，一邊對著小女孩上下比手畫腳一番，一邊用快速的德文發出一連串問句。小女孩被長相粗獷、說著奇怪語言的外國大叔弄得一臉驚嚇，無助地站在原地不知所措。

已經上車的保羅發現情況不對，趕緊回頭協助溝通。原來，在德國會戴口罩走在路上的只有真正虛弱的重病患者，一般人只有發燒咳嗽的小感冒時不會這麼做。也難怪公車司機如此驚慌，若是有危險傳染性疾病的患者，司機可是有權拒絕載客的。

「只是感冒！嚇我一大跳。」司機聽了保羅解釋後，這才如釋重負地嘆口氣，「好啦沒事了，快上車吧！」

我先前就已注意到，在這裡很少見到戴口罩的路人，即使花粉症爆發的季節亦然。我原以為只是不足為道的生活習慣差異，豈料這回竟差點引來軒然大波。

「奇怪，你們不怕被傳染流感嗎？戴口罩不僅是保護自己，也是為他人好啊。」

我問保羅。

「我們是認為感冒就該待在家裡休息，生病請病假是天經地義的事吧，」保羅回答，「再怎樣也不過就是感冒，不得已必須出門的話，只要注意咳嗽打噴嚏時用手帕掩口就好。」

果然是不曾遭受SARS肆虐的國家，我心想。就戴口罩的舉動而言，究竟誰才是小題大做的一方呢？

這種不把感冒當回事的態度，我從前在荷蘭居住時已領教過類似情況。同樣來自台灣的友人采雯，在感冒長達兩個禮拜之後決定去看醫生，這個在我看來再正常不過的行為，卻被她的荷蘭同事潑了一頭冷水：「感冒又不是真的疾病，何必看醫生？去了，醫生也只會叫你回家多休息！」

原本以為該同事特別冷血無情，但在接連詢問多位荷蘭朋友的意見後，答案竟是千篇一律：「感冒本來就不需看醫生。」甚至當采雯無視大家建議，依舊執意去看醫生時，只聽到同事在旁冷冷地說了一句：「亞洲人真是小題大做。」

實際上，在荷蘭看醫生並不容易。荷蘭有家庭醫生（Huisarts）的制度，生病時的標準程序是先和自己的家庭醫生預約時間，諮詢過後確認有必要時，才會被轉介到專科醫生或設備齊全的大醫院就診。這種制度的優點是家庭醫生可建立完整的個人病史，也分散大醫院的病患，但缺點顯然就是大大拖延了及時治療的時間。當然，若病況嚴重也可以直接上醫院掛急診，只不過和台灣任何人都可進入急診室的狀況相比，這裡的醫護人員如果認定你濫用資源，可不會給你好臉色看的。

「為什麼這樣就要掛急診呢？」值夜班的荷蘭女醫生皺著眉問道。

「因為……真的很痛嘛。」我因為扁桃腺發炎，喉嚨腫痛到連吞口水都痛不欲生，面對醫生的直接責難，我也只能囁嚅地為自己辯護。

無論荷蘭、德國或是其他相似情況的歐洲國家，一般人對於看醫生抱持消極態度的原因，可想而知就是這裡的看病過程簡直是折磨人。同樣的情況如果在台灣，我當天就可以在巷口的診所掛號領藥回家了。

德國的狀況也好不了多少，候診室的漫長等待便讓忙碌的現代人吃不消。即使事先預約了問診時間，來到診所時往往仍得等待良久，這還是預約成功的情形。有些熱門的醫生或診所甚至可能幾個禮拜內全都預約額滿，這時病人也只能選擇另尋高明，或是咬牙等待數週後再行求診。雖然有些診所開放無須預約便可上門求診的「諮詢時間」（Sprechstunde），聽來方便，但這種時段得有心理準備，可能會在此耗上幾個鐘頭。

「呃，其實我早就覺得好多了，只是既然兩個禮拜前預約了，我想還是來看一下比較好……」我的確不止一回紅著臉在醫生面前這麼說。好不容易預約到的時段，不來總覺得可惜哪。

德國候診室總是如此爆滿的原因，其實不是因為德國醫生人數不足，而是，和台灣醫療人員普遍過勞的命運相反，這裡的醫生和一般人一樣注重家庭與私人時間，不僅週末和夜間是當然的休息時段，許多診所在週五也只開放半天。不過，重視生活品質的醫生並不是造成看診困難的唯一因素，另一個原因是，由於現代人搜尋資訊很方便，更容易相信自己的身體出了毛病。至少根據《法蘭克福彙報》二〇一五年的報導，儘管看病過程令人煩躁，但重視養生的德國人平均一年仍看上十九次醫生，比愛用全民健保的台灣人每年十四至十五次的平均次數更高。以上種種，更添加了掛號成功的困難度。

「妳上次手腕扭到，怎麼到現在還沒好？趕快打電話跟醫生約時間！」保羅說。

「有慢慢在好轉啊，這急不得啦。我才不想沒事去看醫生找罪受呢。」我說，

「倒是你從早上開始就一直咳嗽流鼻水，你才該去掛號吧。」

「我今天已經請病假了，在家裡睡一天就好了，我才不想沒事去看醫生找罪受呢。」

類似這樣的矛盾對話於是經常在小家庭中上演。這種時候，總令人深深敬佩起工作時數長、卻仍保持親切態度的台灣醫護人員。

「好啦既然感冒了，快喝掉這杯水，乖乖去床上躺著吧。」我說。小兩口的生活

裡，一旦其中一人生病，另一人自然得無怨無悔地扮演起照顧者的角色。

保羅喝了口水，整張臉卻像喝到苦藥一般皺了起來。「這水怎麼是溫的？感覺好噁心。」

「我知道你們只愛喝冰涼的水啦，可是你都在發燒咳嗽了，當然該喝溫熱的水！」我嘆口氣，「就說你們沒中醫觀念，這是我從小就知道的常識耶。」

「妳是說西醫都沒用嗎？我們還不是都活得好好的。」保羅即使在感冒中還是硬要回話，「就像妳上回說什麼食物都有寒熱屬性，我到現在還是搞不懂，食物不是加熱就變成熱的嗎？從來也沒聽過西醫講這套啊。」

「要讓你們理解這種概念太困難了。」我再度嘆氣，「不然你要不要試試我從台灣帶來的感冒熱飲？只要加熱水把顆粒攪拌均勻就好了，緩解症狀很有效噢。」

保羅狐疑地望著我手上的中文說明小包。「這看起來像是成藥，還是別亂用吧。我還是喝上次買的感冒茶（Erkältungstee）就好，雖然味道不怎麼樣，但純天然的東西總不會出錯吧。」

「也是啦。」這方面德國人的觀念倒是有點道理，我接著說：「那待會中午我煮稀飯給你吃，感冒時吃粥對身體很好噢。」

「不!!不會是那黏糊糊沒什麼味道的東西吧！」保羅又是一陣哀嚎。「這種東西是拿來外敷，不是拿來吃的！」

「什麼？」這回換我傻眼了，「你說的是什麼怪偏方？」

「真的啊，小時候我發燒時，奶奶都會把馬鈴薯搗成泥狀，包在布裡，然後放在我的胸口或額頭上。這樣有助於退燒噢。」

看來我還是盡量別讓自己生病吧，我想，否則下回，就是換我接受健康觀念衝擊的時候了。

是交心對談，還是侵犯隱私？

下課時，大夥總會聚在教室樓下的交誼廳有一搭沒一搭地聊天。內容看似隨意，但我很快發現，這種不能過度涉及隱私，又要保持有趣的閒聊，其實是門高深學問。

從我開始寫作這本書起，保羅先生就不時發出問句：「妳該不會在書裡都把我和我家當笑話看吧？」「妳該不會連這件事都寫進去了吧？」

或是當我偶爾在社群網站上發表小品的時候，保羅也一臉擔憂地說：「妳知道在網路上的文字要很小心嗎？這不但會流傳久遠，而且任何人都有可能隨便拿去使用喔！」

「我知道，你提醒過一百次了。」雖然知道保羅是一片好意，但有時我也忍不住稍微不耐煩起來，「你放心啦，關於你和家人的部分，我都是選發人省思的正面例子來寫的。」

這話某種程度上應該算是事實吧。

儘管原本就聽聞，「隱私」這件事在西方社會中相當受到重視，但從交往到結婚的過程中，我往往難以判斷，究竟哪些才算是需要保護的個人隱私，哪些是值得公開宣揚慶賀的事。

法國好友亞絲生了寶寶之後，整個人從以前的約會達人及派對達人，搖身變成渾身散發母愛光芒的盡責媽媽。只不過，自從亞絲搬回法國，我們從此只透過訊息和社群網站保持聯繫後，我始終沒看過亞絲的小寶寶究竟長得什麼模樣。因為即使亞絲偶爾在自己的動態消息裡放了和寶寶的合照，寶寶臉上也永遠加上了馬賽克處理，讓人完全無法說出「啊！好可愛的寶寶喔」或是「哇，和媽媽長得好像」這類評語。

「你看，亞絲這方面真的很謹慎耶，為人父母的不是通常都愛分享小孩照片嗎？」我對保羅說，「看來我只好自己私下跟她要相片來看寶寶的真面目了。」

原來法國有明文規定，在未經他人同意的情況下，不得將個人生活細節的影像公開，這條規定就連自己的小孩也包括在內。因此若父母隨意將孩子的照片放上網，孩子將來長大可是有權向父母提告請求賠償的。這條經常令台灣人大吃一驚的法規，不光是為了個人隱私著想，更是為了防範千奇百怪的網路犯罪。

「是應該這樣做。」從事資訊業的保羅大力贊同亞絲的做法，「我不是也說過，不要沒事就把我們出遊的照片放上網嗎？這是一樣的意思，網路上各式各樣的人都有，透露太多自己的生活細節不是什麼好事啊。」

基於同樣的網路隱私道理，從我們開始交往到現在，保羅對於在社群網站上秀照片曬恩愛這種事，可說一點興趣也沒有。就連婚禮時，不論我們辛苦做好的交往影片或是婚禮攝影照片，保羅都再三叮嚀，不要把這種私人的東西放上網站讓人隨意存取。

「可是很多朋友沒辦法實地參加婚禮，我把這些影像放上網路，他們才能一起分享喜悅啊！」我打出友情牌向保羅「勸說」，當然更多原因是因為既然手上難得有這麼多美麗的照片，不趁機討點按讚數，感覺對不起自己。

「那妳把相簿連結傳給特定的人就好，不用讓全部人都看到。」保羅堅持，「這種東西只要跟真正的親戚好友分享就夠了吧！」

或許因為保羅對於在網路上「放閃」的舉動完全冷感，我們出門旅行時，德國老公很少主動提議合照，多半時候都是忙著用單眼相機拍攝眼前美景。我不得不拿出自己的手機，強拉保羅一同入鏡自拍。

「這是為了留下我們兩個的回憶紀錄啦，你不覺得這比拍風景明信片更重要嗎？」我總得先好言相勸一番，「就算我想放上網路，我也會注意設定為只有好友才能觀看的。不然我來到德國，什麼消息都沒更新，台灣的親友還以為我嫁到哪裡的荒郊野外去了呢。」

保羅倒也不是特殊案例。我和其他歐美國家的朋友出遊時，也常碰到類似狀況。除非是特別出名的景點，大夥才會一同在景點前合照或自拍，否則多半時候，其他人要不是拿著相機認真取景，就是乾脆活在當下完全不拍照。因此，在歐洲人眼中，忙著四處自拍的成群亞洲觀光客，似乎本身就成了一種有趣的移動景點呢。

隱私的觀念不僅存在於網路上，在日常生活中我也得不斷嘗試判斷，對於初次見面、剛認識不久，或是已有幾分交情的人，究竟怎樣的談話內容才是「不侵犯隱私」的合宜對話。

我和德文班上的同學已經一起上了一個多月的語言課，每回下課時，大夥總會聚在教室樓下的交誼廳有一搭沒一搭地聊天。內容看似隨意，但我很快發現，這種不能過度涉及隱私，又要保持有趣的閒聊（small talk），其實是門高深的學問。

有回，其中一位來自澳洲的女同學聊起她和丈夫即將前往某地旅遊。另一位年紀稍長的英國同學開口接話：「聽來是令人嚮往的浪漫行程呢。不好意思，我可以問一聲，你們有小孩嗎？」

「沒有啊。」澳洲女同學乾脆地回答，英國同學點頭表示理解。

原來閒聊時可以提起私人話題啊！基於對文化差異的興趣，我一直想對班上同學的個人經歷和價值觀多點認識，我於是趁著機會搭上話題：「所以妳不想要小孩嗎？」

無論對方答案為何，我都打算繼續提出更深入的問題：若答是的話，便詢問她是否有幾時生育的規劃；若否，便問會不會有家庭壓力，東西方文化中對於不打算生育的夫妻是否有不同的看法等等。但就在我話剛出口時，英國同學卻用略帶責難的眼神瞥了我一眼，然後似乎打算趕緊岔開話題般地接著說明：「我剛會這樣問，只是想說如果帶著小孩，這種浪漫行程很難成行就是了。像我是到孩子稍微大了，才有可能和我太太兩人去巴黎羅浮宮參觀呢。」

我這才後知後覺地意識到，原來在這樣的閒聊中，稍微牽涉隱私的問題必須拿捏得恰到好處。就像英國同學的問句「你們有小孩嗎」只是針對事實發問，而我接下來涉及個人因素的提問則顯得有欠考量。一不小心，我很可能就觸及別人不願提起的痛處。

幸虧澳洲女同學的個性大方，她輕鬆地回答：「沒關係，可以問的。我並不特別想要小孩沒錯。」

這回算我運氣好吧，我自知又學了一課。在此處的文化脈絡裡，更深入的談話還是等到彼此交情穩固之後再開始吧。

也難怪剛開始約會時，我總愛詢問保羅的過去經驗和個人心聲，然而保羅卻明顯感到不自在，不但只是簡短回答，也不曾反問我同樣的問題。我原本總歸因於男女間對於親密分享的差別態度，但實際上文化習慣在其中也不無影響。我一直以來認為有意義的交心對談，可能在他者眼中卻是絕對的侵犯個人隱私。

所幸如今保羅先生在我的「調教」之下，已經越來越習慣這種跨越界限的聊天方式了。

「喲，妳回國啦？在工作了嗎？一個月薪水多少？我兒子也從國外回來，現在工作月薪七萬喔，妳呢？」我前幾年回台灣時，樓下的鄰居媽媽臉不紅氣不喘地攔著我問了一連串的問題，一切顯得如此理直氣壯。

「是，我們的文化比較沒那麼強烈的隱私意識啦。」我對保羅提起這件事時，也只得自嘲地笑笑，「比方說在台灣上美容院時，設計師怕你坐著無聊，會一直找話題跟你閒話家常。像我娘家附近的美容院，每個助理和設計師都對我家狀況瞭若指掌，當然也知道我嫁給你這個德國人呢！」

「我無話可說了……」保羅兩手一攤。看來，對於隱私的不同態度，帶給我們兩人的是同樣程度的文化衝擊呢。

什麼才是該花的錢？

保羅對於他認為值得花錢的東西，只要在能力許可範圍內幾乎都不手軟。問題只在於，我們對於「值得」的定義，很少有意見相同的時候。

「你們亞洲人好像都比較小氣耶。」某天下課休息時間，德文班上一名同學發出了這樣的感嘆。

「誰誰誰，誰說的？」面對這麼明目張膽的種族歧視宣言，我急忙想辯駁，一時連完整的句子都忘記該怎麼說。

「妳不覺得嗎？我之前在餐廳打工，你們亞洲人都不太付小費的啊。」義大利同學如此說。

「那是因為在我們的社會裡是不用付小費的，高級一點的餐廳通常都把服務費含在帳單裡。」我振振有詞地說，「很多觀光客剛出國玩，還搞不太清楚外地的小費文化啊。」

「如果是這樣我倒可以理解。」對方再度反駁，「但我說的是那些其實知道要付小費，卻似乎付得很不甘願的那種。當然小費這種事沒有強迫性，可是我不得不說，很多亞洲人給的小費真是少得可憐，比一般行情還低得多啊。」

我不禁臉紅起來，因為我頓時想起自己剛到德國時，付帳時經常忘記加上小費，就算及時想起，我也一度以為在桌上留個一歐元硬幣就足夠了。這也很難責怪某些觀光客眾多的店家，乾脆在帳單上用怎麼看都很難說是客氣的字句標示：「請注意，這裡的價格不包含服務費」，或直接點明「我們期望您支付約消費金額百分之十的小費」。

不是只有餐飲業需付小費。剛來到像柏林這樣的大都市時，我很快留意到城市四處都有令人心動的「免費導覽團」、「免費課程」或是「免費表演節目」等等的宣傳，讓我一邊慶幸自己來到這樣划算的地方，一邊也為提供這些服務的人感到擔心。

「這些人為何都願意免費服務呢？難道他們真的都是做興趣的嗎？」我向保羅先生發問。

「當然不會完全沒收入啊，他們最後一定都會收小費。如果內容真的不錯的話，還有可能收到豐厚的小費呢。」

身為沒有小費觀念的外地人，我還是無法理解這樣的情況：「但是，小費又不是強制性的。萬一大家都只是享受完畢後就拍拍屁股走人，他們也不能說什麼，這樣不就虧大了嗎？」

「在這裡不會有這種情況啦，我們不給小費的話會覺得非常奇怪。」保羅立刻反駁，「小費的意思是要讓你憑良心付費，而不是趁機占人便宜。」

幸好當時我和保羅已經進入穩定交往的階段了，我心想。否則光是對於小費文化的不同理解，很有可能已在對方心目中留下占人便宜的糟糕形象呢。

金錢觀可能造成的誤解無所不在，在約會階段時便已常籠罩在兩人關係當中，不光只有小費問題而已。

某天夜晚，我和兩名不同國籍的女性友人在德國一間小酒吧聚會。我們點完飲料後，法國女郎亞絲忽然嘆著氣說道：

「唉，在德國畢竟不一樣，這裡的女士都要自己付錢。我在法國的時候，常常人才剛坐下，酒保就會送上某桌男士招待的飲料，連開口都不必啊。」

「哇，你們法國人果然浪漫，而且是調情高手！我之前住荷蘭的時候，身邊的荷蘭朋友不分男女一致認為，各付各的（go Dutch）是天經地義呢。」我一邊接話，一邊覺得該替當時還在交往階段的保羅先生說句公道話：「這方面我覺得德國算是折衷了，至少男女朋友之間在金錢上不會劃分得那麼清楚。」

「但德國人同樣還是很不浪漫啊。在墨西哥，如果妳是美女，就不用帶錢出門了。」墨西哥女郎加入話題，「我第一次和德國男人約會時，只因為我認定對方會付帳，他就覺得我在利用他。天曉得，我自己當然付得起這一點酒錢！我讓他買單是基於從小教育的禮貌，免得傷到他的男性自尊啊！誰知道這裡的文化這麼不同呢？」

我的兩個好友一搭一唱的發言，讓我不禁頻頻點頭稱是。誰知沒隔幾天，我又從非拉丁民族的女性友人口中聽到另一種說法。

「我自己有經濟能力，為何要讓對方付錢呢？甚至如果對方經濟條件不佳的話，我請客也沒問題。」德國女子安娜理所當然地說，並且加上一句：「兩性平等不是很久了嗎？為何還在討論這種問題？」

「文化還是有差吧，」我被安娜這樣一反問，稍微思索一下後才回答：「像在台灣，雖然近年來性別意識抬頭，買單也不再是男性的專利了。然而事實上還是有不少人抱持著傳統的看法，認為約會時男性應該負責全部的帳單，否則就『不像個男人』。」

約會時究竟誰該付錢，早已掀起過無數論戰。我在各國朋友間收集到的說法，就包含各種可能的付費形態：全由男方買單、賺得多的買單、各付各的、一人一次輪流買單，或是不論各人點多少一律金額均分的ＡＡ制。各種組合都有支持的理由，只差還沒聽過必須全由女方買單的說法。此時也不得不承認「談錢傷感情」畢竟有點道理，關於金錢的話題只要稍有不慎，動輒便引發女權主義或沙文主義的激烈辯論，或是對不同文化的批評非難。

儘管我和不同國籍的女性友人一致同意，德國男人和荷蘭男人在男女交往上顯得吝嗇許多，很少會主動在自己的女伴身上花錢等等，但這不代表他們真的比較小氣，我和德國先生進入婚姻關係後，更深刻體會到這點。保羅對於他認為值得花錢的東西，只要在能力許可範圍內幾乎都不手軟。問題只在於，我們對於「值得」的定義，就如我們對於美食的定義一般，很少有意見相同的時候。

「不會吧？妳買一小罐乳液就要這麼多錢？」保羅無意間發現了我丟在桌上的發票後立即發難：「不需要這麼奢侈吧，妳上次不是說覺得錢不太夠用嗎？」

「這已經算是平價品牌了耶，你真是不了解女性用的東西，這對我來說是必需品不能省的啊，等等……」我的眼角餘光飄到保羅的筆電螢幕上，「你剛剛在網路商場看什麼？」

「噢，新的音響揚聲器啊，我早就想換了。看到這套經典款在特價，我就下訂啦。」

「這這這，這可以買上一百罐我的乳液吧！怎麼你自己就可以買奢侈品？」我察覺到自己的音調頓時提高了八度，「而且，舊的揚聲器明明運作得好好的，到底為何非換不可呢？」

「欸，我可不是只花錢在我一個人身上喔，音響是讓我們兩個都可以長期享受到高品質的音樂，等於是雙倍的價值。所以我才覺得買了值得啊。」理工科系的保羅總是用數字化的理由來回應。

諸如此類的金錢觀例子層出不窮，這樣的劇碼大概在許多伴侶間也都不陌生。或許和台灣社會稍有差別的是，在其他國家，買車買房不見得是絕對划算的考量，也因此並非每個德國人都將之視為人生中必要的事。例如我和保羅住在大眾運輸方便的柏林，保羅便在搬到柏林前就把車子賣了，每年省下的汽車稅可是一筆不小的金額。而當車貸或房貸不再是小家庭必須扛起的沉重支出，婚姻中關於金錢調度的可能衝突也相對減少。

儘管每個家庭的做法各異，但至少就我對周遭異國婚姻的了解，在家用支出上幾乎仍存在著基本的文化差異。在我住過的德國與荷蘭，幾乎都不存在「結婚後，你的錢就是我的錢」這種不少台灣人會有的想法，而像日本社會中丈夫將薪水全數交由妻子管理的做法更是從未聽聞。我在這裡聽到較多數的狀況則是如此：若夫妻兩人皆有收入，各人賺的錢仍屬於各人，但是會一同報稅以及設定共同的家用基金；若其中一人無實質收入，並不能乾脆地拿另一半的卡來刷，而通常是有工作能力的一方提供固定的零用金給對方，某種程度上也算是當成對方作為家管的「工資」。

我和保羅是在交往好一陣子後，才開始在金錢調度上慢慢有了共識。只不過關於什麼該花、什麼不該花，恐怕隨著日新月異的商品問市，這樣的討論將一直出現在兩人的生活當中呢。

整個假期都在同一處！

在面積只有台灣十分之一大小的馬約卡島上，除了一天在帕爾馬觀光，剩下的每一天，也只能輪流造訪島上不同角落的海灘，繼續泡水曬太陽放空的「行程」。

保羅先生並不是什麼令人臉紅心跳的美男子，一開始之所以被他吸引，是在我發現他是個「旅遊家」的時候。

「我用三個月的時間，從泰國開始，經過東南亞、大洋洲等地，直到夏威夷為止，環遊了半個世界。」初識沒多久之後，保羅便出發去實現了長久以來的壯遊心願。他向我分享道：「對歐洲人來說，這半邊的世界是神祕難以觸及的，所以我趁年輕時先探索這塊地方，以後有機會再慢慢遊覽非洲、美洲，或是歐洲其他國家。」

「哇，也太酷了吧。」我由衷地發出讚嘆，但還是有個非問不可的實際問題：

「旅行三個月，那你不會擔心經濟收入嗎？你的工作怎麼辦呢？」

「這個嘛，因為我的老闆很支持我這種趁年輕環遊世界的心願，所以他讓我留職停薪三個月。」保羅邊說，嘴角邊冒出一絲微笑，似乎仍沉浸在自己的幸運中意猶未盡，「至於花費上，我主要準備了往來不同大陸之間的機票費用，其他吃住方面我都能省則省，比如盡量利用沙發衝浪或是車輛共乘這些旅行方式，其實花得並沒有想像中的多。」

「有這種老闆真好，」我嘆口氣，「台灣人不太可能用這種理由請長假，除非乾脆辭職。這風險太大，一般人都承受不了啊。」

「當然我是運氣比較好，」保羅說，「不過我們本來就有安息年這種概念，所以願意批准這種長假的公司其實還不少呢。」

保羅口中的安息年（Sabbatical year）是源自舊約聖經中的希伯來傳統，就如一週內每七天應休息一天，土地每耕作七年就須休耕一年，這種概念套用到人的工作上也是如此。至於在今日職場上，較常實施這種安息年制度的大概就是依照聖經教導的教會神職人員，或是在學術界用來作為教授發展研究的一年。其餘公家機關或私人公司很少放到整年的休假，幸運的話，碰到認同壯遊理念、或是單純相信「休息是為了走更長的路」的老闆，很可能就會像保羅一樣，折衷放三個月的長假。

「是說你們每年已經擁有四、五個禮拜的給薪年假了，還要再休這種長假，會不會過太爽啦？這樣哪有競爭力呢？」我知道自己講了不好笑的笑話，畢竟德國在全球競爭力上有目共睹。

「當然要啊，五個禮拜的時間又不夠我環遊世界。」無視於我的冷笑話，保羅認真地回答，「那台灣人通常一年休假多久？」

「呃，有寒暑假的學校老師不算的話，」我猶豫著該怎麼回答最好，「通常剛進公司第一年的新鮮人是七天年假，賣命幾年以後通常可以多休幾天。」

這回換保羅目瞪口呆了。「七天！會不會太誇張！這樣你們哪有辦法出國旅行？」

「所以我們有出國計劃的話，都要精打細算一番。比方年假搭配新年或其他連續假期，大概可以排出兩週的假吧。」

「難怪妳之前說，不少台灣旅行團千里迢迢來到歐洲，卻只待個十天，有的甚至還在十天內就跑了兩三個國家！」保羅恍然大悟似地說，「原來這樣走馬看花的行程是有原因的，你們真的只有十天可以利用啊！」

不得不承認，歐洲簡直是愛好旅遊者的居住天堂。許多國家每年的最低休假天數至少有二十天，因此可以好整以暇地享受休假時光，以城市為單位進行慢活之旅。加上小國林立的優勢，只要買張歐洲鐵路通票，輕易就可以來趟跨國旅行。

在我開始到歐洲長住之前，也曾進行過幾次短暫的歐洲旅遊，但無論是跟團或自助，行程總是從早到晚塞得滿滿，一整天下來不僅體力耗盡動彈不得，晚上特意安排的音樂會等節目也往往疲倦到無法好好欣賞。回國之後，更勢必得花上好幾天時間，才能完全恢復正常作息。

「是很累，但機票那麼貴，當然要好好把握行程，每天拖延一分鐘都是浪費啊。」我仍記得和我同行的旅伴義正辭嚴的說法。

正因如此，和保羅先生一道出門旅行時，剛開始還真有點不習慣。

「我們不用規劃一下每日行程嗎？」我問。出發前往馬約卡島在即，但長達一個禮拜的假期，我們只訂了同一間度假村，至於每天要去哪、做些什麼，根本連一絲頭緒也沒有。

「喔？妳想規劃的話就規劃啊。」保羅一副完全沒考慮過這個問題的模樣，「反正我們的度假村是全包式的，就算整天待在旅館吃吃喝喝也划得來啊。」

「才不要！難得去一趟當然要四處多看看。每天光是吃喝，這樣假期結束後，我哪敢站上體重機啊！」我立即抗議。

既然保羅擺明沒有要規劃行程的意思，我只好自己扛起這個重責大任。不過，在面積只有台灣十分之一大小的馬約卡島上，除了一天在首府帕爾馬觀光外，剩下的每一天，也只能輪流造訪島上不同角落的海灘，繼續泡水曬太陽放空的「行程」。

「如果是從前還住在台灣的時候，像這樣每天最多只排一個景點，整個禮拜都無所事事的度假法，簡直太奢侈啦。我想只有蜜月旅行時會這樣做吧。」我不禁感嘆起來。

「當然要這樣啊，度假就是要休息用的。如果排太緊湊的行程，豈不更累？」保羅悠哉地躺在飯店泳池邊的躺椅上，久久沒有移動的意思。

「可是，你去環遊世界的時候，不是挺有幹勁，每天四處探險嗎？」我又拾起這個話題，「怎麼才結婚就只想著放空度假？這樣遲早中年發福吧。」

「壯遊是另一回事，目的就是冒險而不是度假。」保羅一本正經地回答，「而且再怎麼說，我就算去環遊世界的時候，也不會每兩三天就換一個國家旅行，這樣根本沒辦法好好認識當地。即使是小國我也會至少待上五天，光是泰國我就停留了兩個禮拜呢。」

歐洲人的壯遊（grand tour）觀念原本來自文藝復興時，貴族子弟成年後在隨從的陪同下進行的旅行傳統，十七世紀以後也在歐洲其他國家蔚為流行，特別對英國貴族來說，更是能夠踏上歐洲大陸、接觸文化與藝術源頭的求知之旅。不過到了今日，壯遊早已不是富家子弟的專利，範圍也不限於從前探索古代與文藝復興文化遺產的路線。如今的壯遊可以是大自然探險、可以是走訪東方文化，或哪裡有空缺便到哪裡旅行的打工換宿路線，純看個人對於「壯志」旅遊的定義為何。

最近幾年，壯遊在德國青年之間尤其普遍，有不少人會利用學校畢業後進入職場前的間隔年，為自己來趟學校沒教的認識世界之旅。至於德國的成年人似乎也同樣熱衷出國度假，至少就截至二〇一六年之前的統計看來，德國的確占了歐洲國家裡出國旅客的最大宗。

「難怪我總有種不管走到哪裡，都會碰到德國遊客的印象。原來不是我的錯覺啊！」我讀到這份數據後，對好友亞絲這麼說。

「哼，沒辦法，誰叫他們人多錢也多。」一向對德國頗有微詞的法國人亞絲答道，話中帶有明顯的妒意。

亞絲倒也不是唯一有這種想法的人，「壯遊是有錢有閒的人才會做的事」這類說法時有所聞。只不過，在我認識的實際進行過壯遊的友人當中，幾乎全都是用有限的預算進行克難旅行，有時住宿條件之差實在令人不敢領教；甚至有時還得邊旅行邊在當地兼差，才能湊足接下來的盤纏。然而，當這些朋友提起壯遊經歷時，臉上全都彷彿籠罩著一層幸福光芒般，開始細數他們在異地的所見所聞。顯然對他們而言，這樣的回憶絕對比努力工作賺錢一整年更加值得。

「年輕時的體力不一樣，初次認識世界的感動更不一樣，辛苦一點的旅行根本不算什麼。」保羅難得說出感性的評語，「如果想要吃好住好的五星級旅遊，等工作久了、經濟實力夠了，到時再來慢慢享受就好。」

我和保羅對於旅遊的觀念一直在不斷磨合。除了旅遊方式、旅遊時間長短上的不同外，讓我沒想到的是，竟然連何謂「令人嚮往的異國度假地點」都是需要重新討論的部分。

這也是為何我和保羅先生在辦完柏林婚禮後，都過了一年半載，其間還進行了好幾次小旅行，但其實真正稱作「蜜月」的旅行卻一直還未實現，只因我們始終選不出令兩人都滿意的目的地。

「馬爾地夫。」保羅說。

「太多人去。」我立即否決。「南美洲，祕魯、智利，或巴西。」

「那是探險旅行，蜜月就應該在沙灘上放空。像泰國。」

「我們已經好幾次旅行都在沙灘放空，而且現在大學生畢業旅行就去泰國了。加勒比海，多明尼加。」

「去過兩次啦，我們去那裡比去台灣容易多了。」

「那，學三毛去加納利群島？」

「三毛是誰？」保羅當然不認識我從前最喜歡的中文作家，「加納利群島倒是還沒去過，今年夏天可以考慮去度假。」

「喔？所以我們的蜜月旅行決定了？」我已經準備要拿出貯藏的香檳來慶祝了。

「當然不是，去這麼近的地方哪像蜜月啊！」保羅再度反對，「蜜月地點還是慢慢想個特別的地方吧，反正結婚後都過這麼久了，再晚成行也沒差了吧。」

看來，等到兩人都能認同對方旅遊觀念的那天，不知會是幾年後的結婚紀念日了呢。

一定要繳教堂稅，但不一定要上教堂

即使在基督教和天主教普遍的歐洲，德國教會深入社會的程度也算是不尋常的。至於佛陀塑像對他們來說，則比較像是放在庭園裡增添「禪風」的裝飾品。

「所以，台灣人的主要信仰是什麼呢？」某天閒話家常時，婆婆蜜莉這麼問道，「是佛教嗎？」

「嗯，是有很多人自稱是佛教徒，不過其中有很大部分是混合了民間信仰，純正的佛教徒其實沒那麼多呢。」我回答，「當然除了主要的佛教、道教和一小部分的基督教、天主教外，還有不少人並沒有宗教信仰。」

「可是每個人都需要有信仰啊！」讓我吃一驚的是，根本沒在上教堂的蜜莉竟一副理所當然的模樣說出這句話。但思索一陣後，蜜莉似乎也說不出個像樣的理由：

「不然不是很奇怪嗎？婚禮和喪禮時要依據哪種宗教儀式進行呢？」

從蜜莉家離開後，保羅先生才對我解釋：「我媽那個年代的人幾乎都信教啦。雖說在東西德時期，因為共產政府不鼓勵宗教信仰，所以不少東德人民是無神論者，但西德人民不是基督教就是天主教。德國分裂之前，更是全部人口就幾乎等於教會人口。」

「那為何現在我們身邊接觸到的人幾乎很少有信仰，也不會有蜜莉說的宗教儀式問題，不是有很多人就在市政廳辦婚禮嗎？」

「二戰以後，有信仰的人數就不斷下降囉，尤其年輕人越來越不能接受教義的限制。不過就總人口來說，有信教的人數還是大於不信教的。」保羅乾脆拿出手機上網查詢：「妳看這裡有二〇一六年的統計，全德國沒有特定信仰的人口大概占百分之三十五，其餘幾乎仍是基督教或天主教。」

「原來如此，但是有信仰的定義是什麼呢？」我忍不住又接著問道：「像蜜莉那樣，從來沒看她上過一次教堂，她卻非常篤定自己是天主教徒？」

「其實現在很多德國人都是這樣啦，」保羅尷尬地笑笑，「信仰對他們來說只是在教會名冊上有登記名字就算，其他時候只有在婚喪喜慶或是聖誕節時才會上教堂吧。」

宗教信仰和異國婚姻看起來是兩回事，但就如政治立場相反的兩人一樣，不同信仰觀點對戀情關係可是影響劇烈。

我和娘家家人都是在台灣屬於少數族群的基督徒，而我的台灣前男友家庭則是常見的民間信仰。雖然我從不覺得別人應該遷就我的信念，也不是會把信仰一天到晚掛在嘴上的類型，但和前男友相處時，仍難免因為宗教信仰的關係擦撞出幾次不快經驗：從禮拜天因為要上教堂不方便一早出門約會，到結婚後是否該在小兩口的家裡擺放祭祖神龕等等，都是當時難解的課題。雖然後來和前男友分手的理由與信仰的不同毫無關聯，但我也深深了解在深入另一個人的生活、甚至組成另一個家庭時，信仰可能扮演的重要角色。

也因此，我是直到嫁給德國先生、來到德國之後，才忽然發覺我所面對的完全是另一種層面的信仰觀念差異。即使在基督教和天主教普遍的歐洲，德國教會深入社會的程度也算是不尋常的。

整個德國若不是由於近年來土耳其和中東地區的移民，使穆斯林的比例稍微增加，大概極少見到除了天主教和基督教以外的其他宗教人口。至於亞洲盛行的佛教只占不到百分之一，佛陀塑像對他們來說，與其是供奉在廟裡膜拜的對象，還不如是放在庭園裡增添「禪風」的裝飾品。當然，對多數人而言，「禪」這個字本身只是種東方的極簡風格，或甚至還誤以為是「風水」這個神祕信仰的一部分。事實上，好幾次看到佛陀頭像造型的花盆或提燈等等，我都不禁微微皺眉，不知虔誠的佛教徒看到會作何感想。

「我有登記為天主教徒啊，」有回，保羅的醫生朋友馬蒂和我們共進晚餐時說道，「但只因為我工作的醫院是天主教醫院，所有醫生都必須是天主教徒，否則就得離職。」

「什麼？這合法嗎？」我驚訝得差點把手上的叉子掉到地上，「在其他國家的話，應該會被投訴這是宗教歧視，醫院負責人搞不好還會吃上官司吧。」

「呵，在德國，這是完全合法的。」馬蒂說，「以前教會的勢力更龐大啊。現在已經算不錯了，至少我只要登記繳稅就好，至於本人有沒有真的上教堂，沒人能管得著我呢。」

「我因為不想被迫繳納教堂稅，決定退出教會名冊，也正式到戶籍機關要求除去宗教登記。」關於醫生馬蒂提到的繳稅部分，保羅曾經向我如此說明，「這不代表我不再相信有上帝，只是我不認同這樣的教會做法。」

「教堂稅？跟戶籍機關有關？」我第一次聽到教堂稅這個名詞，一時還反應不過來這意味的是什麼。「你是說，上教堂時不是自由奉獻，而是從薪水中扣稅？然後你的宗教信仰還得登記在戶籍資料上？」

「當然有登記啊，不然他們怎麼扣稅呢？」保羅苦笑了一下，「那時我爸媽他們雖然平常不上教堂，但有信仰登記在他們心裡其實是很重要的事，我從教會除名時，蜜莉好一陣子都不諒解呢。」

原來德國的國家教會可以直接向信徒徵收教堂稅（Kirchensteuer），信徒只要在戶籍資料上登記了所屬教派，政府便會自動代收所得稅百分之八至九的稅款轉交給教會，信徒沒有選擇的餘地。

原來如此，我心想。我到柏林後參與了幾間大教堂的禮拜儀式，擺著管風琴、並裝有鑲嵌玻璃的教堂建築美輪美奐，教徒人數卻異常稀少。有回甚至連牧師和司禮在內，全部參加禮拜的人還不到十個，在冬日沒有暖氣設備的大教堂裡，單薄的人數使整個空間更為淒涼。我當時不禁疑惑起來，這麼少人參與的教會，牧師卻似乎不以為意，也不見教會有任何積極吸收會友的舉動，這偌大的教堂是怎麼維持的？

一切答案就在教堂稅裡。國家教會的牧師或神父只要固定主持儀式，即使台下空無一人，政府依舊會固定發給教會稅收。這也難怪，雖然近幾年越來越多德國人因不滿教堂稅而退出會籍，但只要仍有一定人數選擇登記信仰，國家教會便能持續有經濟收入。

即使我身為基督徒，聽到教堂稅這樣的制度也無法表示贊成。幸虧在國家教會之外，德國還有另一種形態的獨立教會。

顧名思義，獨立教會意味著獨立於政府的稅收體制之外，和其他沒有教堂稅規定的國家一樣，這類型教會的收入全靠信徒自由奉獻。若要維持運作，獨立教會必須能夠吸引一定人數的信徒發自內心參與。

「這裡，我可以。」我目前在柏林固定參與的國際教會便是獨立教會體系。國際化的開放活躍氣氛，和我先前去過的寂靜大教堂迴然不同。而既然不必被迫納稅，保羅也不介意週日跟我一道上教堂。和許多德國人一樣，保羅雖在剛出生沒多久後便接受了嬰兒洗禮，然而出於自願地接觸教會活動，恐怕這還是頭一遭。

我也很快發現，或許是由於獨立教會特有的開放精神，也或許是國際教會本身的多元色彩，這裡感受不到某些基督徒常給人的激進排外印象。相反的，在德國開放大量接收難民的時期，教會牧師甚至在講道時特地向會眾呼籲：「你身邊有中東來的難民嗎？如果有，我鼓勵你們邀請他們到家裡做客，表示你們接納他們的到來。基督不就是這麼做的嗎？」牧師接著用嚴肅的神情說：「還有重要的一點，請大家尊重他們的穆斯林信仰，不要給他們吃豬肉。而且，除非他們自己有興趣，否則千萬不要對他們傳教。這樣做沒有意義，只會引起紛爭而已。讓他們感受到愛，這才是最重要的事。」

我還記得我在台下聽到這番話時感動得全身發麻，這才是我所認識的信仰。

我和保羅也正是由國際教會的牧師完成證婚的。對我個人而言，在德國的教會生活絕對是異國婚姻中的獨特篇章呢。

五旬節也放假

除了國定假日的特殊宗教日之外，根據天主教的傳統，一年中的三百六十五天都是分屬於不同的聖徒日，都可能成為「本壽星不想上班（上課）」的神聖藉口。

「節日」是個有趣的概念，什麼樣的事情值得全國人民放假一天以茲紀念，完全可以反映出整個文化的歷史和價值觀。在某地理所當然的節慶，到了另一地卻是從未聽聞的日子。甚至即使是相同的節日，也可能因為各地文化的不同而出現完全不一樣的過節方式。

在德國和許多歐洲國家，占主要比例的是宗教性的節日。我剛到歐洲時，聽到各種不曾想像過的假日時簡直開了眼界。除了亞洲熟悉的聖誕節和復活節外，歐洲各國較常見的共通節日還包括受難日、耶穌升天節、聖靈降臨節、聖體節、諸聖日、聖尼可拉斯節等等，原來這些日子都可以是放假的理由。

「下週一放假？是什麼節日啊？」在月曆上發現紅色的假日標記後，我轉頭問保羅。

「Pfingstmontag。」

「什麼東西？」

「這個節日就是……」保羅搔搔腦袋，「欸，反正就是耶穌升天一陣子後，跟聖靈有關的一個日子。」

「啊我知道了，是五旬節！根據聖經，聖靈在這日降臨門徒身上，讓他們可以開口說方言，所以這天也叫聖靈降臨節。原來你們這個日子也放假啊！」

「很好，看來妳比很多德國人還清楚這個節日是做什麼的了。」

「所以你們只在意有沒有放假，其他都無所謂是嗎？……」我決定不理會這個令人無言的回答，「那你們這個日子會怎麼慶祝？」

「各地區的做法都不太一樣啦。在柏林是舉辦文化嘉年華，會有各國小吃攤販和花車遊行等等。這聽起來也不無道理，因為慶祝各地文化，正好呼應門徒說各地方言這件事，」保羅回答，「不過除此之外，大多數人應該就只是在家睡一天吧。」

除了國定假日的特殊宗教日之外，根據天主教的傳統，一年中的三百六十五天都是分屬於不同的聖徒日。雖然一般的聖徒日並非放假節日，我卻不只一次聽到有人這樣說：「今天是屬於我出生日的聖徒日，為了表示對該聖徒的尊敬，我要自行休假一天。」我在腦袋裡轉了一圈才醒悟，這根本就是「本壽星不想上班（上課）」的神聖藉口。

過去幾乎所有人都相信上帝，因此宗教節日的存在並無太大問題。而隨著時代推移，現代信教的人越來越少，許多人不清楚也不關心宗教節日的由來，但即使是反宗教的激進分子，也對這些節日的存在甘之如飴，沒有人認為應該取消。

「放假是好事啊，管他是什麼理由。而且不能隨便取消假期吧，這樣人民會不開心的。」當我提出這個問題時，保羅回答得再自然也不過。

「但是企業老闆會擔心放假太多而降低生產力吧，像我們就取消了七天國定假日……」解釋起來太麻煩，我省略了整個來龍去脈。

我話還沒說完，保羅便驚愕地插話：「這種事怎麼可能發生！」

顯然，要讓假期特多的德國人理解其他地方勞工的窘境，還真有些困難呢。

不同於歐洲的宗教節日，華人文化的節日則多是依循時令節期。尤其是代表四季更迭的農曆新年、端午節、中秋節和冬至，其意味的不只是大啖節慶佳餚，更是闔家團圓的時刻。雖然現代人同樣不再認真對待傳統節日，但正如俗諺所云，每逢佳節，難免令人想起身在遠方或久未聯繫的家人。

「哇，今天是農曆的中秋節耶，我差點忘了！」婚後在德國首度碰上中秋，我興高采烈地說。

「什麼秋？」從沒聽過這個節日的保羅當然一頭霧水。

我耐心解釋了中秋節的由來，還講了嫦娥、玉兔和吳剛的民間傳說。豈料，我認為應當充滿異國情調的嫦娥奔月，卻惹來德國人一陣大笑：「這什麼誇張的故事啊！他們三個在月亮上要吃啥？你們自己聽的時候不會覺得超級無厘頭嗎？」

「不管啦！」我惱羞成怒起來，「反正我們今晚要過中秋節就是了！我們都會邊吃月餅邊賞月呢。」

話是這麼說，但德國超市哪來月餅和柚子？

「沒月餅的話，我們還可以烤肉啊！」我靈光一閃，「你知道嗎？中秋烤肉這個習俗是台灣人自創的呢。」

雖然這個新起的台灣「習俗」不過是源於某醬油廣告的點子，卻誤打誤撞成了中秋節最歡樂的一件事。許多台灣人都有這樣的經驗：明亮的月夜，家家戶戶在門前路邊搭起烤肉架，整條街洋溢著誘人香味，各家的閒聊笑語此起彼落。沒人計較烤肉習俗的由來是否真有意義，重點在於藉由吃喝串起的家庭街坊情感。

這樣的鄉愁畫面，怕是難以讓德國老公明白的吧。

於是在新年將至的時候，我對保羅有感而發：「雖然我也喜歡西曆跨年時放煙火開派對，不過我們農曆新年重視的是全家團圓。我發現和亞洲文化相比，這裡除了聖誕節外，似乎沒有其他和家人一起過的節日呢。」

「復活節也算吧！小時候，我們都會在復活節回爺爺奶奶家，在花園裡找藏起來的彩蛋。不過，」保羅遲疑一下又說，「通常家裡有小孩時才會過復活節，我們長大後的確就再也沒慶祝過這個日子了。會全家聚集的時候，大概就是像爺爺生日之類的了，不是什麼國定假日。」

「跟我想的一樣，」我說，「看來聖誕節等於是唯一的團圓日了。那這次回你爸媽家，我們要住幾天呢？既然你放假到新年，我們會跟爸媽一起跨年嗎？」

「當然不會。」保羅即刻回答，「跨年當然是去參加朋友派對，不是待在爸媽家啊。」

顯然，這裡的新年並不是全家的節日。其實從前留學住在國際學生宿舍時，同樓的巴西女孩也說過類似的話，只不過當時我的問題是：「妳會跟男友一起跨年吧？」

「那倒不一定，」我還記得巴西樓友這麼回答，「我們通常會參加朋友圈中舉辦的跨年派對。我男友如果願意參加我和姊妹淘的活動當然很好，可是他如果另外有自己的死黨聚會，那我們就各過各的。反正平常都是兩人約會，不差這一天不是嗎？這麼熱鬧的節日，只有兩個人過的話未免太冷清了。」

光是西曆新年就有不同的過法，更別提各地獨特的新年節期和慶祝方式了。無論是華人農曆的闔家圍爐，或是歌唱跳舞中度過的伊朗新年，又或者是水花四濺的泰國潑水節，新年在不同的文化背景中，勾起的是完全不同的想像與感觸。

而就連情人節這個明確屬於戀人的節日，也都可能出現不同的情境。

「真的假的？妳的意思是你們一年都有兩個情人節，甚至生日也會有兩個？」保羅第一次聽我解釋「農曆」、「七夕」等名詞時，露出一臉不相信的神情，「該不會是妳自己編出來，為了多拿一次禮物吧……」

當然，二月十四日情人節完全是西方的產物。和大部分歐洲節日一樣，這個日子最初其實是宗教性的節日。據說，聖瓦倫丁（St. Valentine）是古羅馬時期的主教，由於為當時被禁止結婚的那些士兵證婚而遭到處決，因此聖瓦倫丁日便成了歌頌戀人的情人節。

原本和西洋情人節毫無關聯的台灣社會，也因為這個日子所附帶的浪漫意味及商機，不加抗拒地接收了這個西方節日。不過，台灣和鄰近亞洲國家原本就有農曆的七夕情人節，於是就成了每年兩回情人節的現象。老實說有點多此一舉，也有人抱怨媒體對這個節日的炒作轟炸，但倒是不曾聽到熱戀中的情侶因此起衝突的。畢竟，不重視的人原本就不會放在心上，重視的人則又多了一個互訴濃情蜜意的機會。

「荷蘭人沒在過情人節的，」萱婷的荷蘭男友這麼對她說，「我們很實際，這種商人用來騙錢的日子就不必了吧。」

從每年兩個情人節到連一個也沒有，萱婷內心難免小失落一下，但畢竟入境隨俗，她只好接受男友這樣的說法，當然也就沒有準備任何禮物。

情人節當天，萱婷在信箱裡收到沒有署名的愛慕情詩。萱婷原本對送信的人毫無頭緒，但在留意到一些蛛絲馬跡後，赫然發現寫詩的不是別人，而正是口口聲聲說不要情人節的男友。原來荷蘭人確實不太熱衷於贈送情人節禮物，但在荷蘭年輕人之間，倒很流行用不花錢的方式給對方出乎意料的驚喜。

同樣是情人節，有像荷蘭文化大而化之度過的，也有像日本社會從義理巧克力到白色情人節都須慎重對待，讓異國情侶得一一適應。我和保羅最後也達成共識，照台灣習慣保留兩次的情人節，但不必每次贈送昂貴禮物，而是在這一年兩次的節日裡好好和對方相處，提醒自己珍惜得來不易的感情，畢竟這才是節日的真正用意吧。

一整個月的聖誕季

「這是買來的塑膠樹吧？我們家過聖誕時，可都是直接到後院砍棵樹搬進客廳耶。」

保羅無視於我的興奮，直接澆了一桶冷水。

十二月的第一個星期天，我們在剛買回來的將臨節花圈（Adventskranz）上，點燃了第一根蠟燭。

「真的只能點一根嗎？」我望著花圈上另外未燃的三根蠟燭，「這樣感覺有點寂寞呢。」

「不行，這就是整個將臨花圈的意義！」保羅斬釘截鐵地回答，「要懂得耐心等待聖誕的來臨。第二根蠟燭要下禮拜天才能點，等到四根蠟燭終於都點燃的時候，就知道聖誕節就在眼前啦。這不是很讓人期待嗎？」

「這整個將臨期傳統根本就是在考驗人的定力啊！」我哀嚎起來，「將臨曆（Adventskalender）也是，明明有二十四個小禮物坐在那裡等你，卻硬是規定一天只能開一個！」

以儀式和齋戒度過將臨期（Advent）的概念，很早以前就存在於基督教會，不過現在用來數算將臨日期的將臨花圈和日曆等玩意，可都是源自德國路德宗的產物。或許因為如此，將臨期的氣氛在德國似乎特別濃厚。儘管我在歐洲已居住多年，卻是來到德國以後，才首次收到作為禮物的將臨曆，也才重視起這個一年中最特別的月分。

將臨曆的歷史其實很短，直到十九世紀才出現記載。傳統的將臨曆是在一大張月曆上做出二十四格可以開啟的圖片，自十二月的第一天起，每天打開一張，當二十四張圖片全部呈現在眼前時，就是令人期待的溫馨聖誕夜了。

如今的將臨曆五花八門，在在展現了商人的創意。光是在外形上，就有激似台灣古早戳戳樂遊戲的紙盒，或是之後可以留作收納用的二十四格小櫥櫃，或是二十四枚串在一起的小布袋或聖誕襪等等。至於內容物更是包羅萬象，除了最常見的巧克力將臨曆，還有孩童最愛的玩具將臨曆、女性專屬的化妝品將臨曆，甚至還有裝著二十四款不同產地的啤酒將臨曆。每天打開一罐新的啤酒享用，也是一種期待聖誕的另類方式吧。

有一年我正好安排在十一月底回台灣。我專程到外甥和外甥女最愛的樂高玩具店裡，提了裝有二十四只樂高組件的將臨曆，作為給兩個小朋友的返鄉伴手禮。

「你們每天只能拆一個喔！這是讓你們等待……」我話還沒說完，只見兩個孩子已在興奮的尖叫聲中戳開了所有的禮物格，畢竟哪有人一次只玩單獨一顆樂高組件的啊？

「呃，好吧……就當作是提前的聖誕禮物好了。」我說。要讓孩子眼睜睜看著到手的禮物卻不能拆，恐怕還是有點難度吧。

在林林總總的宗教節日中，聖誕節應是全球最普及的節日了。雖然不是每個有聖誕假期的地方都像天主教國家一樣過上一整個月的將臨期，但即使在完全不慶祝、或甚至刻意抗拒聖誕的社會裡，大家也都知道這個日子的存在。例如在台灣，即使這天並非假日，但只要走上街頭，西洋進口的聖誕氣氛就立即迎面而來。從反覆播放的聖誕音樂、塑膠組裝的聖誕樹，到交換禮物、聖誕大餐和聖誕派對等等活動，一方面令人難以忽略聖誕的到來，另一方面也弔詭地令人忽略了原本的宗教意義。

「你看，這是我們的聖誕樹，很有模有樣吧！」我和保羅還在遠距離戀愛的時候，我在視訊上秀出我和外甥女一起布置好的聖誕樹。

「這是買來的塑膠樹吧？我們家過聖誕時，可都是直接到後院砍棵樹搬進客廳耶。」保羅無視於我的興奮，直接澆了一桶冷水。

「我們是亞熱帶地區的都市公寓，誰家有後院種樅樹啊！」保羅的話頓時讓我再度意識到，我們過的不過是表面移植來的節慶，我沒好氣地說：「別那麼挑剔，只是要讓小朋友開心嘛。你看繞上燈泡以後，就很有氣氛了。」

「燈泡？我們都是在樹上點蠟燭，蠟油融在樹葉上的味道很好聞呢。」

「蠟燭？」我吃了一驚，「這樣不會著火嗎？」

「我們家是燒掉過一次聖誕樹，德國每年聖誕節都有聖誕樹造成火災的新聞。」保羅一副若無其事的模樣，「所以在賣場裡，滅火器會和聖誕裝飾品擺在一起販賣，就是這個原因。」

我簡直無言以對。「既然這麼危險，你們到底在堅持什麼？」我說。

這回換保羅拒絕回答了。看來在德國人心目中，「聖誕氣氛」的重要性甚至大過身家安全呢。

說到聖誕節，也來提一下荷蘭的「兩個聖誕節」，就像台灣的兩個情人節現象，初來訪的觀光客常對此感到困惑不已。

對荷蘭兒童來說，十二月五日的聖尼可拉斯節（Sinterklaas）前夕才是真正的聖誕夜，孩子在這天晚上可以收到聖誕禮物，看今年是否有做個乖孩子。在十一月中，這位穿上主教服裝的白鬍子老人便會「號稱」從西班牙搭船前來，在沿路發送糖果的隨從黑彼特（Zwarte Piet）伴隨下，到每個城市的特定地點停留，讓孩子可以坐在他膝上合照。

一開始，我也難以理解荷蘭人為何堅持要保有兩個意義相近的節日。其他歐洲國家頂多將十二月六日當作非假日的聖徒日之一，荷蘭人卻為它大肆慶祝，對它的重視甚至超過十二月二十四日的聖誕夜。只是在我眼中，實在看不出來這位被稱做「聖尼可拉斯」的老先生，和其他歐美國家流行的「聖誕老公公」（Santa Claus）究竟有什麼不同。

我做了功課後才發現，這位聖尼可拉斯原來是正牌的聖誕老人原型。早在西元四世紀時，就出現了聖尼古拉（Saint Nicholas），他是傳說中祕密送禮給信徒的好心主教，Sinterklaas也就是荷蘭文的聖尼古拉。因此，與住在北極、搭乘馴鹿雪橇等等的聖誕老人相比，荷蘭的聖尼可拉斯節反而更貼近原始的聖誕精神：紀念的是把基督之愛傳播出去的聖徒，而不是添加了大量童話色彩的虛構角色。

頭一回在荷蘭遇上聖尼可拉斯節時，我自然也想去「迎接」這位原始版的聖誕老人。雖然由於荷蘭各地水道四通八達，在河港邊圍觀搭船前來的聖尼可拉斯本身並不困難，但要擠到這位老先生旁邊可不容易了，永遠都有跟著爸媽前來的小朋友興奮地簇擁在他的四周。

好不容易當我抓到空檔，上前要求合照時，這位穿戴全副主教行頭的老先生只問了一句：「妳有帶小孩來嗎？」

看到我隻身前往，老先生便轉向其他帶著孩子的母親了，顯然這位慷慨聖人的服務對象只限於小小孩而已。

雖然無法受到聖尼可拉斯的關注，但也不是說大人在聖尼可拉斯節就無事可做，其實還有屬於大人的無厘頭節目呢。根據當時的室友瑞卡所述，她和男友一家過節時，大家不僅從幾天前就開始準備搞笑禮物，還會寫一首趣味打油詩給收到禮物的人來調侃對方。到了節日當天，不分大人小孩，都會收到代表自己姓名縮寫的字母巧克力，收到禮物時也會念出自己的打油詩，彼此互相挖苦取笑一番。

荷蘭版聖誕節的搞笑意味，明顯有別於十二月二十五日莊嚴寧靜的聖誕節，也難怪聖尼可拉斯節並沒有因為節日的意義和聖誕節類似而遭到淘汰。雖說全身黝黑的黑彼特隔一陣子就會引起「聖尼可拉斯是否蓄奴」的論戰，但到目前為止，官方說法仍是黑彼特是因為通過煙囪而將身體弄黑了。我想，這個獨特的節日會一直保留下去吧。

話說剛來歐洲的時候，我頭一回親眼見到貨真價實的聖誕市集，薑餅屋模樣的小木屋攤位讓我感到無比歡樂，因為「在歐洲過聖誕」本身聽起來就是一陣浪漫。殊不知，一到聖誕夜當天，街上一片空城景象，前一晚燈火通明的聖誕小木屋全部打烊。明明應該是最溫馨的節日，獨自在外的遊子此時卻感到異常冷清。

「都是這樣沒錯，」同樣是異國留學生的瑞卡說，「所以雖然我和男友才剛交往兩個禮拜，他們家就邀請我一起去過聖誕了，說是怕我一個人會太寂寞。」

瑞卡的經歷後來證明是件好事。雖然兩人都覺得這麼快就拜見家人未免稍嫌尷尬，尤其瑞卡又是來自完全陌生的文化。不過，或許聖誕節的氣氛讓人特別容易敞開心房，瑞卡和男友家人相處融洽，並且獲得熱忱的款待。兩人的感情也因此升溫，彼此都認定對方為適合共度終生的伴侶。

值得欣慰的是，就算現代人逐漸忘卻聖誕節的信仰本質，其中的愛與接納畢竟流傳下來了。就像和保羅的爸媽一起過聖誕時，雖不曾上教堂望彌撒之類的，但看見一道道精心準備的聖誕大餐，便能領會其中那股對家人的不言而喻的愛。而即使在不曾有過白色聖誕的台灣，何嘗不能也傳遞真正的聖誕精神呢？

女人當自強，自己的單車自己扛！

西方男士較有「紳士風度」，會幫女性開車門、凡事都是女士優先等等——這種西方紳士的既定印象已經是上個世紀的事了。

我們在柏林的屋子是舊式公寓，停放單車的地方在沒有電梯的地下室裡。每回要把單車停到那裡時，我總要耗費許多力氣把整台車拖下階梯。

「哎呦，我這台車很重耶，幫我抬下去嘛。」某天汗流浹背地騎車回來時，我忍不住向一旁的保羅提出要求。

豈料，這位身為老公的男人只是無情地回答：「我也要扛自己的車啊，這應該不用別人幫忙吧。」

這真是太不體貼了！如果是還在交往階段，男友這樣的表現早被淘汰出局了吧。

「不是我愛麻煩人，先天條件上，男女的力氣本來就不能比嘛。」我按捺住不悅的感覺，決定採用理性說服的策略：「對你來說不用別人幫忙的小事，對我來說可是非常吃力啊。」

話剛說完，鄰居太太也正好騎著單車回來。這位上了年紀的瘦削女子兩手一抬，便駕輕就熟地把笨重的自行車拎下樓，彷彿只是提個小玩具罷了。

「……女人的力氣看來不會比較小啊，」看著鄰居太太的背影消失在階梯下後，保羅開口，「妳就自己扛吧！」

似乎不少人認為，西方男士較具有「紳士風度」，會幫女性開車門、凡事都是女士優先等等。不過，這種西方紳士的既定印象已經是上個世紀的事了。如今，台灣男性反而才是標準的「紳士」：女友出門提供接送、替女友提包包、替女友買吃送喝多方照顧。雖說這樣的互動模式很可能落入政治不正確的論戰，但從女性角度而言，當男友提供如隨身管家般的貼心服務時，很難不感到飄飄然，覺得自己備受寵愛。

某次回台灣時，我和男性友人阿傑在台北街頭碰面，寒暄過後阿傑便說：「妳的袋子很重吧，我幫妳拿！」

我不禁害羞起來：「哎呀，你何必對我這麼好？我又不是你女朋友。」

「這跟男女朋友有什麼關係？」阿傑一臉詫異地說，「這是身為男士的禮貌吧？」

經阿傑這麼一說，我才想起自己已經回到台灣社會，四周觀望一下，果然見到幾個提著女用包包的男性走在女伴身旁。眼前的畫面如今對我來說真是奇妙不已。

用台灣男友的紳士標準來看，西方男士簡直不懂得憐香惜玉。在歐洲街頭遊走多年，我從未見過哪位男士提著女伴的女用包包，就連手提包以外的重物，我也常看到女性自己奮力扛抬，不假身旁的男性友人之手。有回我便見到兩手空空的男子對身旁喘著氣拖著大包小包的女伴說道：「我就跟妳說，不要帶這麼多行李吧！」說話的同時也毫無伸手幫忙的意思。雖說男性原本就沒有義務非服務女性不可，但這樣的景象也讓我感嘆起來，包括從前我自己在內，許多台灣女性真是身在福中不知福呢。

和荷蘭人交往的萱婷也有類似的經驗。

「我回來的時候大概要晚上九點多了，你來接我好不好？」萱婷用最嬌滴滴的聲音問她的荷蘭男友。

對方的回答則是：「為什麼？九點不是還有公車嗎？妳又沒有帶大行李，自己坐車回來有困難嗎？」

「呃，是沒有真的困難……」萱婷被問得一時不知如何回話，「我只是……只是想要有被你疼愛的感覺嘛。如果你不方便來，我也不會勉強你的。你怎麼都不懂得對女友好一點啊！」萱婷自覺理虧，一時惱羞成怒起來。

「呃，我不懂妳的邏輯。」荷蘭男友直截了當地說，「難道我不去接妳，妳就覺得我不愛妳了嗎？我只是覺得妳沒有真的需要幫忙，而且在我聽起來，妳只是懶得自己搭車而已。」

實際上，「被寵愛」及「被寵壞」只有一線之隔。一方面，習於凡事自己動手不假他人幫助的獨立女性，在台灣脈絡下卻有可能被視為「沒女人味」，或是「讓男人覺得不被需要」；但另一方面，太常倚賴男友幫助的女性，則容易被貼上「公主病」的標籤。其中的拿捏，儼然成了兩性交往間的大學問。

我另一位台灣女性友人小卉，對於這門學問則有自己的一番見解。

小卉在公司是企畫經理，向來以做事俐落獨當一面著稱，在女生朋友間也是一副大姐頭模樣，從搬重物到帶頭做決策，沒有一樣難得倒她。只是，每當小卉的男友出現時，她就像變個人似的，嬌嗔地要男友幫她做這做那：逛街走累了要男友背、洗完頭髮要男友吹，完全是個徹頭徹尾的嬌弱公主。

我在旁常常看得嘖嘖稱奇，彷彿見證了一場四川變臉秀。

「當然要讓男人代勞啊！」當我問及小卉這種行為差異的原因時，她立刻回答，「一來自己可以落得輕鬆，二來這樣才能讓男人有被需要的感覺，讓他們產生所謂的男人自尊心。所以說，表面上是他幫我做事，其實是我在幫助他建立自信。這根本是雙贏啊。」

和小卉懷有類似想法的台灣女性還不少，她們看似「公主」的習性，其實都是男友或丈夫在身邊時才會出現的撒嬌模樣，也的確有不少男性願意吃這一套。

只可惜，換個文化環境後，女性的撒嬌武器往往就無法發揮作用了。

「我自己做得到的事，為什麼要別人代勞呢？」在討論到女性議題時，德國友人安娜立即表態，「除了體力較弱以外，其他許多事情我都可以辦得比男人好，與其拜託他們幫忙，還不如自己動手來得省事呢。」

到目前為止，我還沒碰過會故作柔弱的西方女性朋友。相反地，即使能力並不如人，她們多半不會輕言示弱，反而刻意展現出更強勢的態度，不讓別人看不起自己。因為歐美社會並不崇尚「謙虛」或「溫柔」等特質，讓人看見（或相信）自己的實力才是王道。

也難怪，對於習慣甜美系女孩的台灣男性而言，西方女性的氣勢剛開始就讓人難以招架，更別提上前搭訕或追求了。而和西方女性交往或結婚的台灣男子，則常被人認為一定有過人之處，甚至被封上「台灣之光」的稱號。「說台灣之光實在太誇張了，」娶了德國老婆的台灣男孩傑夫，顯然對這樣的說法頗有微詞，「其實接觸之後就會理解，西方女性也是一般人，只是她們個性相對上獨立許多。講得像是征服外國一樣，真是一開始就小看自己了。」

歸根究柢，除了本身個性和文化習性之外，歐美社會的女性氣勢自然也和實質政策有關。其中一個例子是，德國在二〇一五年通過法律，規定企業董事席位中須有百分之三十的婦女保障名額。顯然時至今日，女性仍必須不斷努力爭取發言權。

女性職位的保障，並不代表西方女性都是工作上的女強人、拒絕走傳統相夫教子的路線。也有為數不少的女性都在有了小孩後選擇辭去工作，或是轉成兼職以便有更多時間陪伴孩子。連強調女權的安娜也這麼說：

「我的確會擔心，有了小孩後就不能繼續發展我的專業工作。但若有必要，我還是願意犧牲工作，畢竟我覺得和孩子相處更加重要。」

關鍵在於，如今的女性不是被迫留在家中，而是擁有自由選擇的權利。另一方面，陪伴孩子也不再是女性專屬的責任，如有必要，由父親負責在家照料或請育嬰假的例子，如今也逐漸增多。甚至在瑞典等北歐國家，更強制規定父親也須請領一定比例的育嬰假（daddy quota）。

就像我在斯德哥爾摩旅行時，見到兩名新手爸爸結伴推著嬰兒車在街頭散步，這真是一幅賞心悅目的畫面。在我眼中，和提女用包包相比，這是更加「紳士」的表現呢。

之前的復活節假期，我和保羅一同回到鄉下的奶奶家過節。在家族共同相處的兩天時間裡，保羅的爸媽和保羅的姑姑及姑丈，兩組人馬輪流下廚替大家準備餐點。夫妻同心協力，沒有什麼媳婦就得進廚房服務全家的概念。

「我們在家裡也一直是兩人一起做菜、一起做各種家事的。」姑丈這麼說。保羅的爸媽也是如此。

或許兩性平等就從這裡開始。問題不在於誰服務了誰，而是彼此都能替對方設想，找出能夠合作的方案。

這也是在所有關於約會、交往和婚姻的故事中，不管身處哪個文化，都需要持續學習的課題吧。

人生顧問 312

紅豆湯配黑麵包，異國戀曲大不同
那些關於戀愛×約會×婚姻的趣味事，從藝術學者到德國人妻的文化觀察

作　　者—郭書瑄
主　　編—李宜芬
責任編輯—邱淑鈴
責任企劃—張瑋之
美術設計—兒日
校　　對—郭書瑄、邱淑鈴

發 行 人—趙政岷
出 版 者—時報文化出版企業股份有限公司
10803台北市和平西路三段二四〇號四樓
發行專線—（〇二）二三〇六—六八四二
讀者服務專線—〇八〇〇—二三一—七〇五
（〇二）二三〇四—七一〇三
讀者服務傳真—（〇二）二三〇四—六八五八
郵撥—一九三四四七二四時報文化出版公司
信箱—台北郵政七九～九九信箱
時報悅讀網—http://www.readingtimes.com.tw
法律顧問—理律法律事務所　陳長文律師、李念祖律師
印　　刷—家佑印刷有限公司
初版一刷—二〇一八年六月十五日
定　　價—新台幣三二〇元

時報文化出版公司成立於一九七五年，
並於一九九九年股票上櫃公開發行，於二〇〇八年脫離中時集團非屬旺中，
以「尊重智慧與創意的文化事業」為信念。

紅豆湯配黑麵包，異國戀曲大不同：那些關於戀愛x約會x婚姻的趣味事，從藝術學者到德國人妻的文化觀察 / 郭書瑄著. -- 初版. -- 臺北市：時報文化, 2018.06
面；　公分. -- (人生顧問；312)

ISBN 978-957-13-7435-2 (平裝)

1.文化 2.異國婚姻 3.德國

743.3　　107008541

ISBN 978-957-13-7435-2
Printed in Taiwan